# 1. 地理院地図で知る日本

図1-2 住所・経緯度・標高などの調べ方（本文3ページ参照）

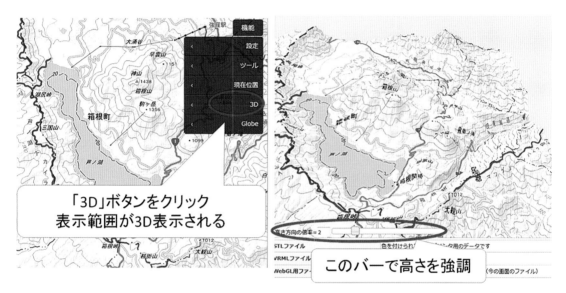

図1-6 3D表示（本文5ページ参照）

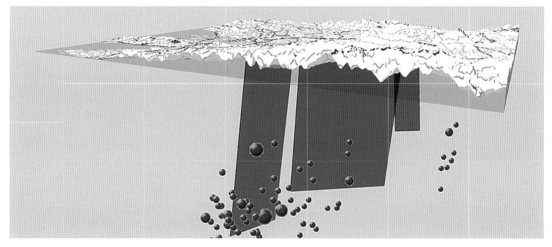

図1-7 地下の震源断層モデルの3D表示（本文5ページ参照）

# 2. 授業で役立つWeb地図サービス

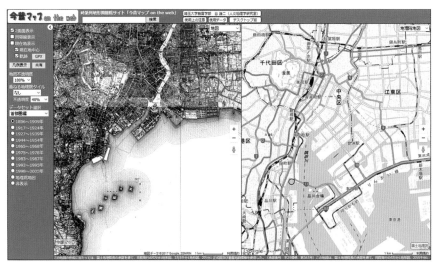

図 2-2　時系列地形図閲覧サイト「今昔マップ on the web」の画面（本文 10 ページ参照）

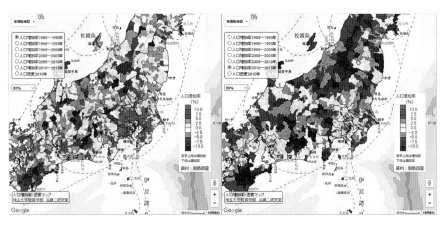

図 2-3　「人口増加率マップ」サイトで 1985 ～ 90 年と 2010 ～ 15 年の増加率を表示（本文 10 ページ参照）

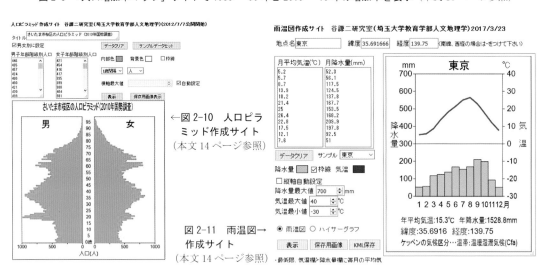

←図 2-10　人口ピラ
ミッド作成サイト
（本文 14 ページ参照）

図 2-11　雨温図→
作成サイト
（本文 14 ページ参照）

# 3. 電子国土基本図による地形の読図

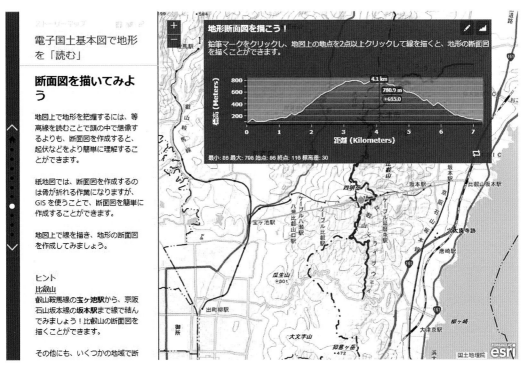

図 3-2 「地形断面図作成」セクション（本文 17 ページ参照）

図 3-4 「地形図を覗く」セクション（本文 19 ページ参照）

# 4. 手軽に授業で使えるGISカード

図 4-1　PDF でダウンロードできる GIS カード（本文 22 ページ参照）

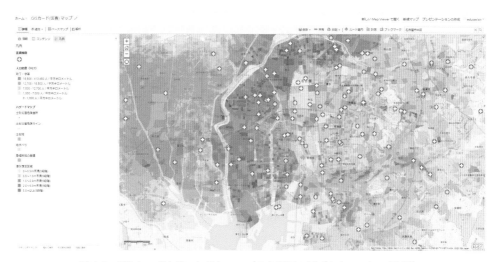

図 4-6　GIS カードを使った Web マップの主題図の例（本文 26 ページ参照）

# 5. 世界が抱える課題

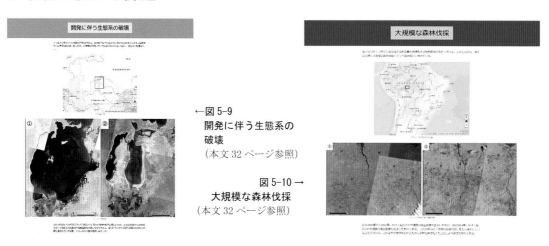

←図 5-9
開発に伴う生態系の
破壊
（本文 32 ページ参照）

図 5-10 →
大規模な森林伐採
（本文 32 ページ参照）

# 6. 時空間情報システムを用いた地理学習

図 6-1　PC 向けインタフェース（江戸・現代名所再現機能；本文 36 ページ参照）

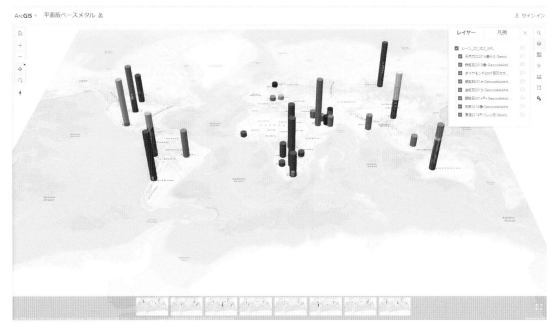

図 6-3　統計地理機能（本文 36 ページ参照）

# 7. 身近な地域の学習における GIS の利用

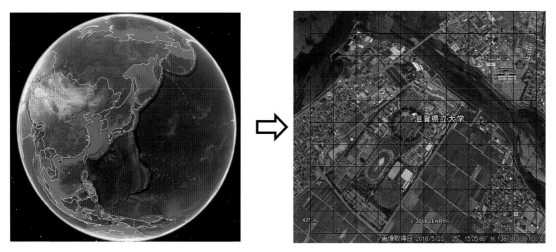

図 7-1　地球の形と地図の座標表現（本文 41 ページ参照）

# 9. 地域統計データの可視化

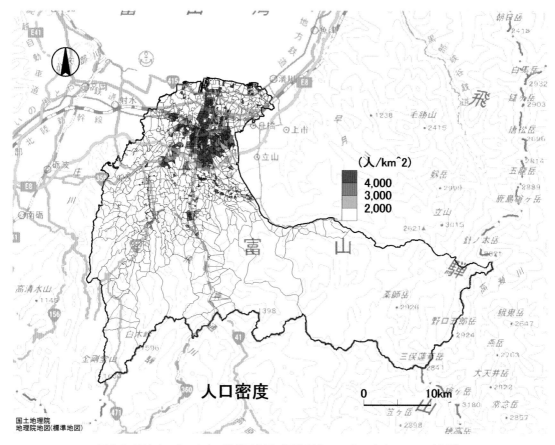

図 9-7　富山市の人口密度の階級区分図（国勢調査 2010 年；本文 57 ページ参照）

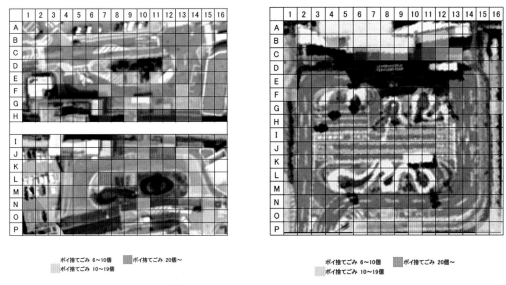

ポイ捨てごみ 6〜10個　　■ポイ捨てごみ 20個〜
ポイ捨てごみ 10〜19個

ポイ捨てごみ 6〜10個　　■ポイ捨てごみ 20個〜
ポイ捨てごみ 10〜19個

図 7-4　JR 琵琶湖線の南彦根駅（左）と南草津駅（右）の周辺に見るポイ捨てゴミの分布（本文 44 ページ参照）

# 11. 集落データを利用した農村地域の実態把握

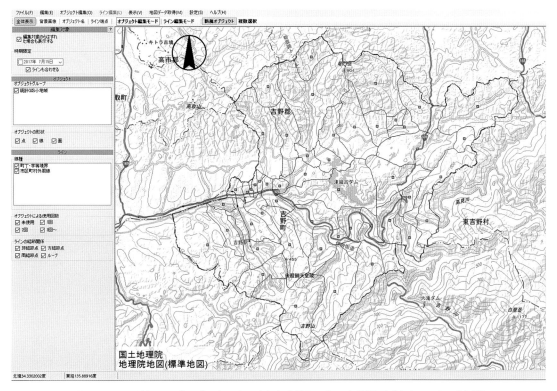

図 11-1　MANDARA マップエディタに表示された吉野町の町丁字別地図（本文 68 ページ参照）

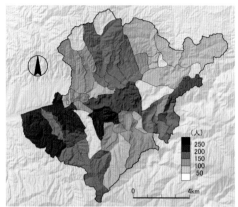

←図 11-3 背景表示に地理院地図（色別標高図）を
用いた吉野町の町丁字別人口
（本文 70 ページ参照）

## 13. 野生生物の目撃データを利用した動物の行動圏と環境特性の把握

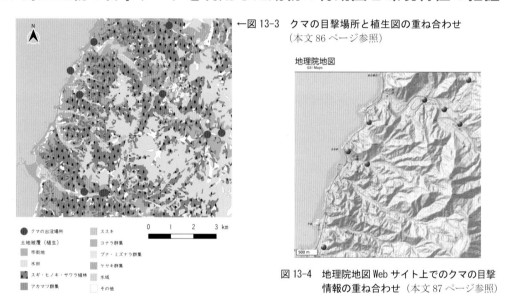

←図 13-3 クマの目撃場所と植生図の重ね合わせ
（本文 86 ページ参照）

クマの出没場所
土地被覆（植生）
市街地
水田
スギ・ヒノキ・サワラ植林
アカマツ群集
ススキ
コナラ群集
ブナ・ミズナラ群集
ケヤキ群集
水域
その他

図 13-4 地理院地図 Web サイト上でのクマの目撃
情報の重ね合わせ（本文 87 ページ参照）

## 14. 国土数値情報を利用したハザードマップの作成

1945～50年　　浸水想定区域　　最新（2007年以降）　　浸水想定区域

図 14-6 空中写真を用いたハザードマップ（地理院地図により作成；本文 94 ページ参照）

地理空間情報を活かす

改訂版

授業のための GIS教材

地理情報システム学会 教育委員会 編

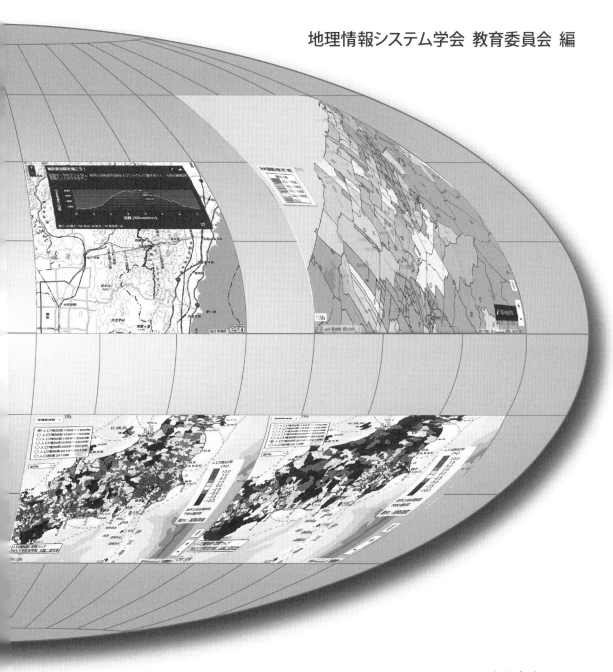

古今書院

# まえがき：改訂版の刊行にあたって

　2017 年 10 月に地理情報システム学会教育委員会編『地理空間情報を活かす 授業のための GIS 教材』が刊行され，4 年が過ぎました．その刊行の背景には，2022 年から高校教育で「地理総合」が新たに必修科目となることが決定し，GIS，グローバル化，防災，ESD（Education for Sustainable Development）が 4 本の柱になることがありました．そのため，地理情報システム学会教育委員会では，地理教育や GIS に強い関心を持つ方々の提案を取りまとめ，特に高校地理の授業ですぐに利用可能な GIS 教材を提案すべく，本書の初版を刊行いたしました．刊行直後から，中学校，高校，大学の先生方だけではなく，行政，コンサルタントなどで GIS を利用した業務に従事する方，大学，大学院の学生さんなどさまざまな方々にご購入いただき，GIS の基礎について学んでいただきました．

　本書の初版刊行から現在まで，「地理総合」を取り巻く環境は大きく変化し，地理学や GIS，都市・地域計画学，教育学などに関連した多くの学協会，学校教育の現場の先生方の間で，授業や教材についての議論がとても活発になされるようになりました．こうした環境変化を受けて初版時の GIS 教材を見直し，アプリケーション・ソフトウェア，オープンデータなどの変化を反映させた改訂版を刊行いたします．本書の第 I 部は地図情報サービスについてであり，GIS を用いたさまざまな無償のサービス，コンテンツを紹介し，これらを用いた地理の授業について提案します．第 II 部は地図情報の利活用についてであり，無償の GIS のアプリケーション・ソフトウェアを紹介し，これらを用いて GIS データや各種統計データの解析をおこなう地理の授業について提案します．

　高校の先生方には，改訂版も参照した授業を実践していただきたいと思います．生徒の皆さんには，改訂版で GIS の基礎について学び，クラブ活動や自主研究などでより高度な GIS の利活用を独自に進めていただくことを期待しています．今年，地理情報システム学会は設立 30 周年を迎えます．教育委員会を中心として，GIS 教育を継続してまいりたいと思います．

[各章の執筆者]

第Ⅰ部　WebGIS の利用

　　　第 1 章　　芹澤由尚・宇根　寛・佐藤壮紀・藤村英範

　　　第 2 章　　谷　謙二

　　　第 3 章　　福島康之

　　　第 4 章　　土田雅代

　　　第 5 章　　星田侑久

　　　第 6 章　　山本佳世子・牧野隆平

第Ⅱ部　地理空間情報の活用

　　　第 7 章　　香川雄一

　　　第 8 章　　芹澤由尚・宇根　寛・熊谷祐穂・新井雅史・藤村英範

　　　第 9 章　　大西宏治

　　　第 10 章　　秋山千亜紀

　　　第 11 章　　作野広和

　　　第 12 章　　桐村　喬

　　　第 13 章　　米島万有子

　　　第 14 章　　橋本雄一

2021 年 8 月 16 日

2016-2017 年度　地理情報システム学会教育委員長

山本佳世子

# 目　次

# 第Ⅰ部
# WebGISの利用

# 第1章　地理院地図で知る日本

## 1. Web 上の地理空間情報

　私たちはさまざまな情報に囲まれて生活をしている．これらの情報のうち，位置を特定することのできる情報を「地理空間情報」と呼んでいる．地理空間情報は非常に多種多様でその数も多く，ほしい情報を探すのに手間と時間がかかる．そこで，ほしい情報を直感的な理解のもとで取得するツールとして，Web 地図が利用される．

　国土地理院では「地理院地図」という Web 地図を運営している．常に最新の情報が反映されているだけでなく，さまざまな情報を地図の上に重ね合わせて表示することができる．

## 2. 地理院地図利用ガイド [1]

　地理院地図は Web ブラウザで（https://maps.gsi.go.jp/）にアクセスすることで利用できる．地理院地図では地図をドラッグすることで移動，画面上でマウスホイールを上にまわすか画面左下の「＋」ボタンでズームイン，画面上でマウスホイールを下にまわすか画面左下の「－」ボタンでズームアウトをそれぞれおこなうことができる（図 1-1）．

図 1-1 地理院地図の基本操作

## 2.1　住所・経緯度・標高を知る

　地理院地図では，以下の手順で住所や経緯度・標高など位置の情報を調べることができる．まず，地理院地図を開き，地図を動かして地図中央の十字線を調べたいものに合わせる．次に，左下部にある白い矢印のマークをクリックする．すると，その位置の住所，経緯度，標高といった情報が表示される（図 1-2）．

## 2.2　地図に表示する情報を選ぶ

　大地には起伏があり，山には尾根や谷，平野には台地や扇状地，河川や湖などの地形が地域の特徴をかたちづくっている．このような土地の起伏を平面である地図に表現するため，先人たちは等高線という地形の表現方法を発明した．地図を読み慣れた人なら，等高線から地形をイメージすることができる．

　地理院地図では，標高に応じて着色することで直感的に地形の起伏がわかる「自分で作る色別標高図」という地図を見ることもできる．「自分で作る色別標高図」では，色や色分けする数，境となる標高値を自由に設定することができる．これを利用することで，地域ごとの地形のようすをより直感的につかむことが可能である．手順は以下の通りである（図 1-3）．

　まず，左上に表示されている「地図」アイコンをクリックして，「地図の種類」リストの中から「標高・土地の凹凸」をクリックする．その中から「自分で作る色別標高図」をクリックする．そうすると，

十字線を調べたいものに合わせる　　　　地理院地図の左下部にある　　　　十字線の中心の位置（調べたいもの）の
　（図は国土地理院）　　　　　　　　　矢印のマークをクリック　　　　　　　　情報が表示される

図 1-2　住所・経緯度・標高などの調べ方

図 1-3　地図に表示する情報を選ぶ

標高が低いところは青に近い寒色系の色，高いところは赤に近い暖色系の色で地図が 7 色に着色される．着色する色や色分けする数，境となる標高値を変更して，目的に応じた色別標高図を作ることができる．また，「自動作成」機能を使えば，地図表示範囲に応じて適切な色分けを自動で行ってくれる．もう一度「自分で作る色別標高図」をクリックすれば元の地図に戻る．元の地図とカラフルな「自分で作る色別標高図」を見比べることで，地形の起伏が等高線ではどのように表現されているのか直感的に理解することができる．

　さて，左上にある「地図」アイコンをクリックして開いた「地図の種類」リストには，他にもいろいろな情報がある．例えば，「年代別の写真」の中には年代別に分けられた空中写真がある．戦前〜戦後復興期〜高度経済成長期〜現在と新旧の空中写真を見比べることで，家の周りや学校の近くなどがどのような変遷をたどってきたかを追うこともできる．また，「災害伝承・避難場所」の中には，「指定緊急避難場所」や「自然災害伝承碑」という情報もある．「指定緊急避難場所」をクリックして，例えば「洪水」をクリックすると，洪水に対応した指定緊急避難場所が表示される[2]．「自然災害伝承碑」では過去に起こった自然災害のようすや教訓などの情報を見ることができる[2]．災害は同じ場所で繰り返し発生するので，自身の身の周りの自然災害伝承碑を調べておくことで，将来起こり得る災害に備えることができる．

　指定緊急避難場所等を表示したときに，道路の表記などがカラフルで見づらいと感じることもあるだろう．そういった場合には，地図を淡い色合いに変更することも可能である．「地図の種類」リストの上部の「淡色地図」というアイコンをクリックすると，地図を淡い色合いへと変えることができる．

## 2.3　距離の計測や情報の記入
　地理院地図には，地図上で距離を測る機能が搭載されている．手順は以下の通りである．
　まず，地理院地図の右上にある「ツール」アイコンをクリックしてメニューを開く．その中の「計測」をクリックする．「計測」ウィンドウが出るので「距離」を選択する（図1-4）．次に，地図上でスタート地点としたい場所をクリックして測定を開始し，通りたい道路の上を次々とクリックしていくことで道順を指定する．最後に，ゴール地点としたい場所をダブルクリックすれば計測が終了する．計測ウィンドウに距離が表示される（図1-5）．

図1-4　計測ウィンドウの開き方

　また,「ツール」メニューには,「作図・ファイル」というアイコンもある. これをクリックすると,「点 (アイコン) を追加」,「線を追加」,「テキストを追加」といったアイコンがあらわれる. これを使って, 地図上に線を引いたり記号を置いたり文字を書き込んだりすることができる.

図 1-5　距離の計測方法

図 1-6　3D 表示

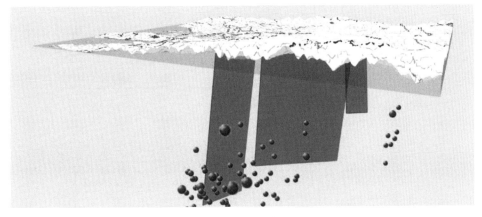

図 1-7　地下の震源断層モデルの 3D 表示

他にも「ツール」メニューには 3D 表示ができる機能が搭載されている．「ツール」の中にある「3D」をクリックして大きさを指定すると，3D モデルが表示される．標高を強調して表示できるため起伏をはっきりと表示することができる．また，マウスを使って視点を変えたりぐりぐり回したりすることもできる．自分たちが住んでいる地域がどのような地形になっているかを容易に，直感的に理解することに役立つ（図 1-6）．

　3D 表示機能では，高さ情報を持つ地下の断層モデルを表示することも可能である．前項で言及した「地図」アイコンをクリックして，「近年の災害」－「地震」の中から適当な震源断層モデルや震源分布などをクリックして表示させた上で，「ツール」メニューにある「3D」をクリックすることで，地下の断層モデルが 3D で表示される．これにより，実際の断層モデルの形状や大きさを直感的に把握することができる（図 1-7）．

　ここで紹介した以外にも地理院地図の機能は多い．より詳しく知りたい人は，「地理院地図の使い方」（https://maps.gsi.go.jp/help/intro/index.html）にアクセスしていただきたい．地理院地図の操作方法を活用場面別に紹介している．

## 3. 自分で地図をデザインできる Web 地図「地理院地図 Vector（仮称）」

　国土地理院では地理院地図とは別に，自分で地図をデザインできる Web 地図サイト「地理院地図 Vector（仮称）」（以下「地理院地図 Vector」という）を公開している．地理院地図 Vector では，道路，鉄道などの項目ごとに表示／非表示を切替えたり，色や太さなど詳細なデザインを編集したりすることができる．例えば，道路を他の地物より目立たせて表示し，さらに道路の種類（高速道路，国道，都道府県道など）をわかりやすくした道路地図や，鉄道路線と駅名だけを表示した鉄道路線図といったオリジナルの地図を作成することができる．

　教育現場においては，地理院地図 Vector で必要な地物だけ表示した白地図を作成し印刷することで，校区探検や調べ学習の授業のための素材として利用できる（図 1-8）．

図 1-8 地理院地図 Vector の教育現場における活用例

## 4.　おわりに

　高等学校地理歴史科に必履修科目として設置される「地理総合」では，地図や GIS などに関わる汎用的な地理的技能を学習することとされている．地理院地図などの Web 地図を使うことで地理空間情報の性質を理解し，土地の成り立ちやさまざまな事象の地理的関係を直感的に理解することが，「地理総合」のめざす地域の自然環境や災害との関わりの理解や持続可能な社会づくりにつながるのではないだろうか．　　　　　　　　　　　　　　　（芹澤由尚・宇根　寛・佐藤壮紀・藤村英範）

[注]
(1) 本稿に示したものは，執筆時 2021 年 1 月現在の情報であり，サイトの更新などにより仕様が変わることがある．
(2) 指定緊急避難場所や自然災害伝承碑は，地方公共団体からの情報提供により国土地理院が地理院地図上に掲載している．執筆時 2021 年 1 月現在ではすべての地方公共団体の情報は提供されておらず，それら地方公共団体の情報は掲載されていない．

# 第2章 授業で役立つWeb地図サービス

## 1. 操作が簡便な Web 地図サービス

　高校の地理の教科書を見ると，さまざまな場面で地図が登場している．そこで GIS の活用の機会も多いと思われるが，地図の活用といってもその目的・方法は多様である．1つの高機能な GIS ソフトですべてに対応することは，操作手順が複雑化するため容易ではない．そのため，地理教育で GIS を活用する際は，操作が簡便な単機能のシステムが適している．特にインターネット上の Web 地図サービスは，多種多様な無料のサービスがあり，目的に応じて使い分けることで効果を発揮する．ここでは，本章の筆者が提供しているものを中心に，地理教育に役立つ Web サービスの概要を紹介したい（表 2-1）．

表 2-1　提供している Web サービス

| 種別 | サービス名称 | 概要 | URL |
|---|---|---|---|
| 地図の閲覧 | ① Google マップで国別国境線比較 | Google マップの国別設定から，国による国境表現の違いを見る | https://www.google.co.jp/maps/ |
| | ②今昔マップ on the web | 全国 49 地域の新旧の地形図を閲覧 | https://ktgis.net/kjmapw/ |
| | ③人口増加率マップ・人口密度マップ | メッシュ人口および 1985 年以降の全国の市区町村別人口増加率を 5 年間隔で表示 | https://ktgis.net/lab/service/pop_increase/ |
| データの地図化 | ④ジオコーディングと地図化 | 住所から緯度経度に変換し，地図上に表示 | https://ktgis.net/gcode/ |
| | ⑤ Web 等高線メーカー | 日本・世界各地の等高線を描画 | https://ktgis.net/service/webcontour/ |
| | ⑥ Web 地形断面図メーカー | 日本・世界各地の地形断面図を描画 | https://ktgis.net/service/topoprofile/ |
| | ⑦ MANDARA JS | デスクトップ GIS「MANDARA10」の Web 版 | https://ktgis.net/mdrjs/ |
| データのグラフ化 | ⑧人口ピラミッド作成サイト | 数値を設定して人口ピラミッドを作成 | https://ktgis.net/service/pop_pyramid/ |
| | ⑨雨温図作成サイト | 数値を設定して雨温図・ハイサーグラフを作成 | https://ktgis.net/service/uon/ |

## 2. 地図の閲覧を中心としたサービス

### 2.1　Google マップで国別国境線比較
　①の Google マップは，誰もが利用している地図サービスだが，地域設定を変えると，国境線や地

日本　　　　　　　　　　　　韓国　　　　　　　　　　　アメリカ

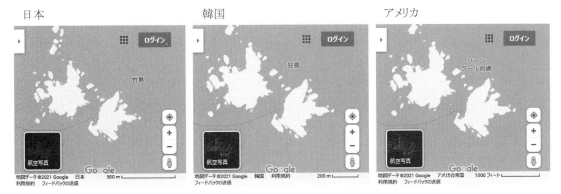

図 2-1　Google マップでの地域設定の違いによる地名表記の違い

名の表記が異なる状況を調べることができる．Google 社は，多くの国で地図サービス事業を展開する上で，当該地域の法律を遵守してアプリを提供する必要があるとしている．そのため Google マップでは，表示される地域に応じて，その国の状況に適した地名や国境線が表示されるようになっている．PC のブラウザで Google マップを表示すると，画面の下に小さく「日本」と出ている．この箇所をクリックすることで，地域設定を変えることができる．図 2-1 は日本海にある竹島について，地域をそれぞれ日本，韓国，アメリカに設定したもので，日本版では「竹島」，韓国版では「独島」，アメリカ版では「リアンクール岩礁」とそれぞれ異なる名称で表示される．竹島以外でも，地域設定を変えることで，日本海の表記，カシミール地方，クリミア半島など，国境紛争などを抱える地域を調べられる．近年，地理の教科書では日本の領土に関する記述が増加しており，領土問題を考える上で有用である．

## 2.2　今昔マップ on the web で新旧地形図比較

　新旧の地形図の比較は，地理教育の中でも頻繁に用いられる技能である．しかし旧版地形図を独自に入手するには，国土地理院に申請する必要があり，簡便に閲覧できる状況ではなかった．そこで筆者が開発したサービスが②の時系列地形図閲覧サイト「今昔マップ on the web」である[(1)]．このサービスは 2013 年に公開したもので，首都圏，京阪神圏，県庁所在地など全国の都市部を中心に 49 地域の新旧の地形図を並べて表示し，比較できる．図 2-2 は PC の Web ブラウザで表示したもので，明治期の東京の地形図を左側に，現代の「地理院地図」を右側に配置している．

　明治期と現代では，東京の海岸線が大きく変化していることが一目瞭然である．明治期には幕末に江戸防衛のために築かれた砲台が海上に確認でき，現在は「お台場」と呼ばれている．また，東海道線の品川〜新橋間が海岸沿いに作られたこともわかる．新旧の地形図を比べることにより，地域の変化の概要を容易に把握でき，より詳しい学習へのステップとなる．また，かつて海や湖沼，河川だった土地を開発した地域は，大雨の際に浸水したり，地震の際に液状化したりするリスクを抱えており，防災学習にも活用できる．

　従来の紙の地形図では，複数の年次の地形図を複数図幅用意するのは難しかったが，本サービスを使うことで，気軽に旧版地形図を閲覧して比較できる．PC だけでなく，スマートフォンでも表示でき，GPS 機能を使って移動経路を表示できるので，フィールドワークにも活用できる．地理だけでなく，

10

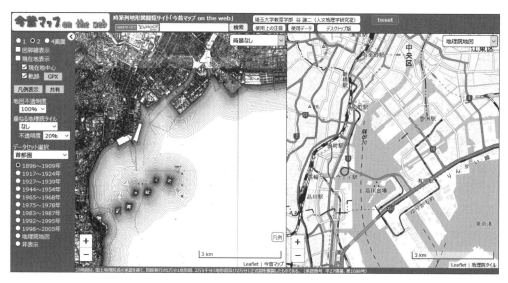

図 2-2　時系列地形図閲覧サイト「今昔マップ on the web」の画面（東京湾）

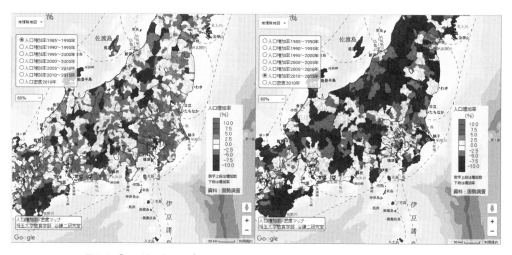

図 2-3　「人口増加率マップ」サイトで 1985 ～ 90 年と 2010 ～ 15 年の増加率を表示

日本史の近現代史でも活用できるだろう．なお，本サービスで対応していない地域については，宮崎県による「ひなた GIS」（https://hgis.pref.miyazaki.lg.jp/hinata/hinata.html）で昭和戦前期の全国の 5 万分の 1 地形図を閲覧できる．

## 2.3　人口増加率・人口密度マップ

③の人口増加率マップ・人口密度マップは，全国の市区町村別人口増加率を 1985 ～ 2015 年まで 5 年間隔で示すとともに，2005 ～ 10 年の 4 次メッシュの人口密度を切り替えて表示するサービスである（図 2-3）．人口減少地域が拡大するとともに，大都市圏では人口郊外化から都心回帰へと変化したことが読み取れる．紙地図の主題図と違い，詳しく見たい地域を拡大するなど，スケールを自由に変えられる点が Web 地図の利点である．

## 3.　データを地図化するサービス

### 3.1　ジオコーディングと地図化

　分布を調べて地図上に落とすことは，地理学における調査・分析の基本である．しかし，住所から地図上にポイントを配置する作業は，数が多いとかなりの時間を要する．そこで開発したサービスが，④の点座標を地図上に配置する「ジオコーディングと地図化」サイトである [2]．このサービスでは，住所から緯度経度に変換し（こうした処理は「ジオコーディング」と呼ばれる），地図上にその位置をアイコンで表示できる．まず図 2-4 のように，住所と名称を設定して「住所変換」ボタンをクリックする（住所だけでなく，店舗など施設名でも変換できる）．Yahoo! ジオコーダ API を利用し，住所から緯度経度に変換するとともに，図 2-5 のように地図上に表示される．毎回このジオコーディング

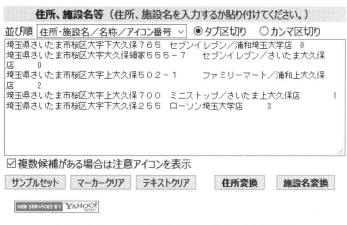

図 2-4　「ジオコーディングと地図化」サイトでの住所設定

図 2-5　住所からアイコンを地図上に配置

図 2-6　ある宅配ピザチェーン店舗の分布

処理をおこなうと時間がかかるため，一度取得した緯度経度は別に保存しておき，「緯度経度から地図化」機能を使って高速に地図化できる．図 2-6 はある宅配ピザチェーンの店舗の分布を地図化したものであり，店舗が等間隔に設置されていることがわかる．

### 3.2 Web 等高線メーカー・Web 地形断面図メーカー

地形図の読図において，等高線の読み取りは重要な技能であるが，任意の場所・スケールで任意の等高線を得ることは難しかった．そこで開発したのが，⑤の指定した等高線を表示する「Web 等高線メーカー」サイトである[4]．国土地理院は 2013 年に「標高タイル」データを公開しており，標高データをインターネットから取得できるようになっている．本サービスでは，等高線を取得したい領域を地理院地図で表示しておき，等高線間隔を設定した後，この「標高タイル」データを取得して等高線を作成し，地図上に表示する．図 2-7 はこの「Web 等高線メーカー」の画面で，甲府盆地の扇状地を 10 m 間隔の等高線で示している．等高線による地形の比較などに活用できるほか，背景を国土地理院の「色別標高図」や「陰影起伏図」などに設定することで，等高線の密度や屈曲の理解を容易にする．

また，⑥の地形断面図を表示する「Web 地形断面図メーカー」は，地図上をクリックして線を引き，線に沿った地形断面図を作成するサービスである．1 つの地形断面図だけでなく，複数の断面図を重ねて比較できることが特長である．図 2-8 は，日本の火山の地形断面図を重ねたもので，富士山や阿蘇山のカルデラの大きさが理解できる．地形断面図は，異なる地域・異なるスケールの地形を比較するのに適した表現方法である．またこのサービスでは，河川に沿った河川縦断面図も描くことができる．

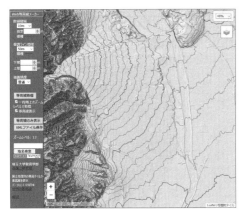

図 2-7 「Web 等高線メーカー」で甲府盆地の扇状地を 10 m 間隔の等高線で表示

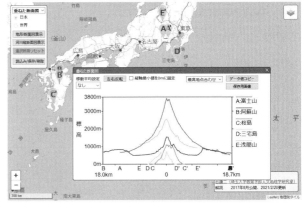

図 2-8 「Web 地形断面図メーカー」で日本の火山の地形断面図を重ねて表示

### 3.3 MANDARA JS

「地理情報分析支援システム MANDARA10」[5]は本章の著者が開発している Windows 版デスクトップ GIS である．デスクトップ GIS は，機能は豊富だが，PC へのインストールが必要で，OS によっては使えないなど，学校では導入しにくい[6]．そこで，Web ブラウザ上で動作する GIS として開発しているのが⑦の「MANDARA JS」（マンダラ ジェイエス）である．WebGIS というと，同時に多数の PC から接続した場合に動作速度が遅くなりがちだが，本サービスは最初の読み込み時だけネット

図 2-9　MANDARA JS の画面

に接続していればよいので，学校での利用に適している．図 2-9 は操作画面であり，デスクトップ版の MANDARA10 とほぼ同じ構成で，各自の用意した統計などのデータを簡単に地図化できる．現在はまだ試作版だが，今後さらに機能を強化していく予定である．

## 4．データのグラフ化サービス

### 4.1　人口ピラミッド作成サイト

　人口ピラミッドは地域の社会・経済状況の現状と過去を反映する優れた教材で，地理教育でも広く用いられている．そこで⑧の「人口ピラミッド作成サイト」では，男女・年齢別人口を設定することで，人口ピラミッドにして表示してくれる [3]．図 2-10 はさいたま市桜区の人口ピラミッドを表示したもので，20 歳前後の特に男性が多いことが読み取れる．これは区内に埼玉大学が立地しているためである．なお近年，国内の人口ピラミッドを表示できる Web サイトが増えており，総務省の「統計ダッシュボード」（https://dashboard.e-stat.go.jp/）サイトなども利用できる．

### 4.2　雨温図作成サイト

　月別の平均気温と降水量をグラフで示した雨温図は，中学・高校の地理教育で広く用いられるグラフであるが，エクセルでの作図には慣れが必要である．そこで開発したのが⑨の「雨温図作成サイト」である．ここで月別の気温と降水量を設定すれば，すぐに雨温図またはハイサーグラフとしてグラフ化でき，同時にケッペンの気候区分も表示される．サンプルには日本国内各地のデータが入っており，国内であればすぐにグラフ化できる（図 2-11）．また，世界各地の作成済みの雨温図を Google Earth 上で表示するための KMZ ファイルも用意している（https://ktgis.net/service/google_earth/）．世界の気候を学習する際，ダウンロードして Google Earth で表示してみてほしい．

14

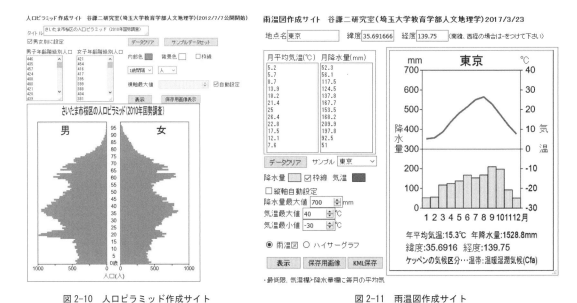

図 2-10　人口ピラミッド作成サイト　　　　　　図 2-11　雨温図作成サイト


## 5. おわりに

　ここでは，本章の著者が公開しているものを中心に，地理の授業で役立つ Web サービスを紹介した．高機能な GIS ソフトは，修得すればさまざまな用途に用いることができるが，修得に時間がかかるものは授業では使えない．学校で GIS を使う場合は，機能は単純でも，操作が容易でインストールの手間もかからない，インターネット上の Web サービスが有用である．ここで紹介したサービス以外にも，多くの Web 地図サービスが登場している．状況に応じて使い分けて活用していきたい.

（谷　謙二）

[参考文献]
(1) 谷　謙二 (2017)：「今昔マップ旧版地形図タイル画像配信・閲覧サービス」の開発．GIS－理論と応用 25 (1)，1-10.
(2) 谷　謙二（2010）：ジオコーディングと地図化の Web サイトの構築とその活用－ Google Maps API を利用して－．埼玉大学教育学部地理学研究報告 30，1-12.
(3) 谷　謙二（2014）：HTML5 を用いた人口ピラミッド作成 Web サイトの開発．埼玉大学教育学部地理学研究報告 34，29-32.
(4) 谷　謙二（2015）：標高タイルを利用した等高線作成 Web サイト「Web 等高線メーカー」の開発とそのアルゴリズム．埼玉大学教育学部地理学研究報告 35，73-83.
(5) 谷　謙二（2018）：『フリー GIS ソフト MANDARA10 入門－かんたん！オリジナル地図を作ろう－』古今書院，128p.
(6) 谷　謙二・斎藤　敦 (2019)：アンケート調査からみた全国の高等学校における GIS 利用の現状と課題－「地理総合」の実施に向けて－．地理学評論 92A，1-22.

# 第3章　電子国土基本図による地形の読図

## はじめに

　地形図の読図は，高等学校における地理教育の上で非常に重要なポイントである．高等学校の地理の教科書には，地形図を活用する項目がいくつかある．主に「地形図そのものを扱う」項目，「地形図と災害との関係を捉える」項目，「地域調査の上での地形図の活用」の項目の3つにおいて，地形図の活用に関する記載がされている [1] [2] [3]．本章では，電子国土基本図を用いて，地形を「読む」技能を習得するためのWebアプリケーション（以下「Webアプリ」）を作成した（https://arcg.is/2s8ymEe）．Webアプリは，インタラクティブに地形に親しめるものを企図した．

## 1. 特長

　本章で紹介するWebアプリは，米国Esri社が提供するクラウドサービスであるArcGIS Online [4] で提供されているWebアプリケーションテンプレートのうちの1つである「ストーリーマップ」[5] を用いて構築した．ストーリーマップとは，地図に文字，画像，動画などのマルチメディア コンテンツを組み合わせた，興味を引きやすいWebマップを，プログラミングなしで対話的に作成できる仕組みである．ブラウザベースで作成されるので，インターネットに接続できる環境さえあれば，作成されたWebアプリは，PCはもちろんタブレットやスマートフォンでも閲覧でき，さまざまな環境における授業で活用できる．

　また，本Webアプリは，背景地図には国土交通省国土地理院の電子国土基本図を用いている．電子国土基本図は，従来の2万5千分1地形図に替わる国土地理院の新しい基本図とされている [6]．実際に紙の地形図を入手して読図をおこなう授業をすることが困難な場合でも，電子国土基本図では日本全国の地図が提供されているので，教科書に掲載されている地域以外の，生徒の自宅や学校の周辺など，身近な地域の地図を授業で使うことができる．また，電子国土基本図は，迅速更新 [7] がされているため，常に新しい基本図を利用することができる．

　本Webアプリは，『電子国土基本図で地形を「読む」』と題しており，各セクションに電子国土基本図を活用したWebアプリを埋め込んでいる．Webアプリ左側の矢印をクリックすることで，ストーリーのセクションを切り替えることができる．地形図に関わる単元の一連の流れをストーリー仕立てで理解できるようになっており，ストーリーを最初から最後まで追うことで，電子国土基本図の基本的な利用方法と，GIS（地理情報システム）を利用することのメリットについて学ぶことができる．

次項からは，ストーリーマップに組み込んだ各セクションについて，順に紹介する.

## 2.「日本の地形」セクション

　わが国におけるさまざまな地形について，電子国土基本図を見ながら実際にその場所を見ることができる Web アプリを「ストーリー マップ ツアー」テンプレート[8]を用いて作成した（図 3-1）．本セクションでは「日本の地形（1）扇状地」，「日本の地形（2）河岸段丘」，「日本の地形（3）自然堤防」，「日本の地形（4）三角州」，「日本の地形（5）峡谷」として 5 つの地形を取り上げている．扇状地は 81 カ所，河岸段丘は 88 カ所，自然堤防は 55 カ所，三角州は 46 カ所，峡谷は 99 カ所と，全国偏りなく数多くの箇所を紹介しており，これらの地形について，教科書で取り上げられているような著名な箇所だけでなく，生徒の身近な地域においても多様な地形が存在していることを理解できるように設計している.

　左側のサイドパネルには，当該地形の概要について理解できるように，画像を交えて簡単な説明を掲載している．右側のメインステージには，電子国土基本図を背景とした地図が表示される．この地図上には，国土地理院が公開している「地形項目の定義及び具体的箇所」[9]から各地形の具体的箇所を引用して地図上にピンを落としている．ピンをクリックすることで,当該箇所に地図が移動する．また，各箇所には地形の特徴を視覚的に把握できるように，当該箇所の衛星画像を挿入している．右下には，各地点の衛星画像のサムネイルを帯状に表示しており，サムネイルをクリックすることで,その箇所に地図が移動するようになっている.

　本セクションで表示される衛星画像は，一般的な地形図と同じ 2 万 5 千分 1 の縮尺で固定している．したがって，衛星画像を一目見ただけでは当該地形の箇所と判断できない場合も多いが，その場合は地図を移動・拡大・縮小し，等高線などの地物から地形を読むことで，当該地形であるかの判断が可

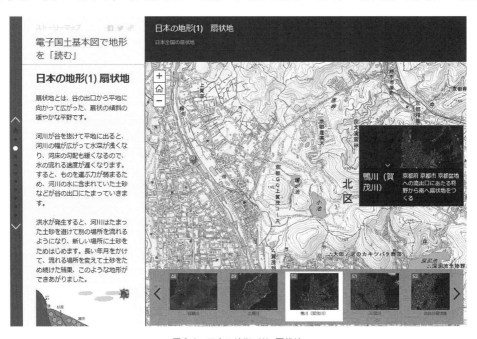

図 3-1　日本の地形（1）扇状地

能である．このように，生徒が地図に対して何らかのアクションが必要となっているので，生徒も能
動的に学ぶことができる．

　また，自然堤防のセクションにおいては，電子国土基本図ではなく，陰影起伏図を背景として使用している．
電子国土基本図のみでは判断しにくい地形では陰影起伏図を提示することで，生徒の理解を助けられる．

## 3.「地形断面図作成」セクション

　地形を把握する上では断面図を作成することが効果的であるが，紙の地形図を用いて紙面上で断面
図を作成するには，手間がかかる．そこで，簡単に断面図を作成できる Web アプリを作成し，セクショ
ンに埋め込んだ（図 3-2）．本セクションの Web アプリを利用することで，生徒が電子国土基本図を見
ていて気になった箇所について，その場で直感的に断面図を作成し，地形について学ぶことができる．

　鉛筆マークをクリックし，地図上で 2 地点以上をクリックすることで，自動的に断面図が作成され
表示される．2 点の直線だけでなく，3 点以上を結んだ線の断面図を描くこともできるので，例えば，
地図上で道路線をなぞることで，道路の起伏を断面図によって視覚的に把握することも可能である．

　本セクションを作成する上では，ArcGIS Online の Web アプリケーションテンプレートの 1 つであ
る「標高グラフ」テンプレートを使用した [10]．このテンプレートは，ArcGIS Online のデータ配信サー
ビスの 1 つである World Elevation サービス [11] を利用し，全世界の断面図を作成できるものである．
World Elevation サービスは，全世界の標高データを配信しているサービスで，日本では約 30 m 精度
の数値標高モデルが使用されている [12]．全世界の標高データを利用できることを生かして，本セク
ションからは，エベレストやグランドキャニオンといった他国の著名な地形の位置へのリンクもあり，
これらの地域でも断面図を描き，地形を理解することができる．このように，世界中のデータに容易
にアクセスできることも WebGIS のメリットであることを本セクションで説明したい．

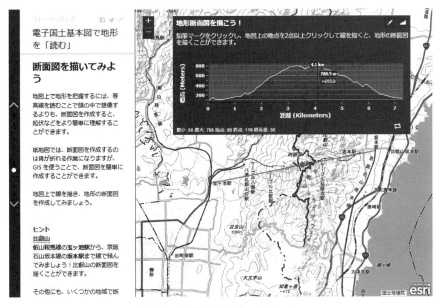

図 3-2　「地形断面図作成」セクション

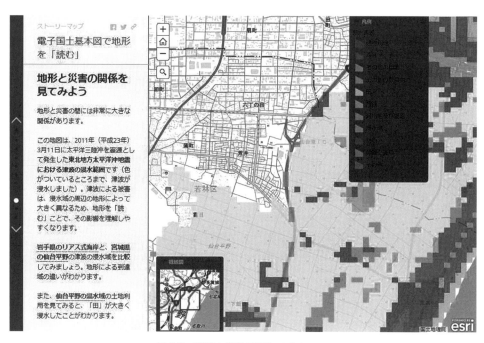

図 3-3 「地形と災害の関係」セクション

## 4. 「地形と災害の関係」セクション

　地形と災害の間には密接な関係がある．このセクションでは，2011 年 3 月 11 日に太平洋三陸沖を震源として発生した東北地方太平洋沖地震における津波の浸水範囲と，電子国土基本図の重ね合わせによって，地形と災害の関係を把握できる Web アプリを作成し，セクションに埋め込んだので紹介する（図 3-3）．

　ストーリーマップには，文章中にハイパーリンクを埋め込む機能がある．本機能を利用して，文章中のリンクをクリックすると，岩手県大船渡市周辺や宮城県仙台市周辺といった浸水範囲の特徴が明白な地域に地図が移動するようになっている．

　GIS を利用することのメリットとして，各レイヤ（層）を容易に重ね合わせて比較・分析をおこなうことができる点が挙げられるが，そのメリットを WebGIS 上で容易に享受できるセクションとなっている．例えば，浸水範囲のレイヤと電子国土基本図を重ね合わせてみることで，リアス式海岸と平野部での浸水面積の違いを目で見て把握できる．また，陰影起伏図と土地利用図と重ね合わせてみることで，図 3-3 の画面中央を南北に横断している仙台東部道路を境にして浸水・非浸水の地域が分かれていることなどを視覚的に確認でき，地形が災害の被害に及ぼす影響を理解できる．

## 5. 「地形図を覗く」セクション

　最後に，「ストーリー マップ スワイプおよびスパイグラス」テンプレート[(13)]を用いて，電子国土基本図の裏側を覗くことができるセクションを作成した（図 3-4）．これは，電子国土基本図を表示

図 3-4　「地形図を覗く」セクション

した地図上にスパイグラス（のぞき窓）を用意し，このスパイグラスを動かすことで，裏側に隠れた衛星画像を見ることができるものである．

　本セクションでは，ここまでのストーリーを通して，電子国土基本図を読んで頭の中で想像した風景と，実際の風景を比較することができるようになっている．住所検索ダイアログに「京都府京都市上京区」など，住所を入力し検索することで地図が移動するので，生徒が興味をもっている場所へ直接移動し，衛星画像を覗いてみることができる．

## 6.　おわりに

　本章では，電子国土基本図を用いて，インタラクティブに基本図に触れることができる Web アプリについて紹介した．インターネットに接続して本 Web アプリを利用できる環境があれば，日本の地形や GIS についての理解を深める授業を行える．このような Web アプリは，ArcGIS Online のアカウントを取得することで作成が可能となる．また，本章で紹介したストーリーマップ以外にも，ArcGIS Online では数多くの Web アプリのテンプレートが用意されているのに加え，Web AppBuilder for ArcGIS というプログラミングなしでカスタム Web アプリを作成できる仕組みも用意されている．本 Web アプリで使用したデータも，国土地理院や国土政策局などが提供する無償で利用できるデータであり，すべて無償でこのような Web アプリを構築することが可能である．詳細については，ESRI ジャパン株式会社の教育 GIS ポータル [14] を参照されたい．本 Web アプリを実際に授業で活用いただくとともに，ぜひ，この仕組みを活用し，独自の教材を作成いただければ幸いである．

（福島康之）

**【参考文献・関連 Web サイト】**

(1) 荒井良雄・加賀美雅弘・佐藤哲夫・小島泰雄・小口　高・堤　純・仁平尊明・大山修一（2017）:『高等学校 新地理 A』帝国書院.

(2) 片平博文・矢ケ崎典隆・内藤正典・戸井田克己・友澤和夫・永田淳嗣，須貝俊彦・丸川知雄・木村圭司・大山修一（2017）:『新詳地理 B』帝国書院.

(3) 金田章裕・泉　貴久・岡橋秀典・小野有五・佐藤廉也・白岩孝行・日原高志・松橋公治・松原　宏・東京書籍株式会社（2017）:『地理 A』東京書籍.

(4) 米国 Esri 社「ArcGIS Online」
https://www.arcgis.com/home/index.html（2017 年 6 月 5 日アクセス）

(5) 米国 Esri 社「ArcGIS Online ストーリーマップ」
https://storymaps.arcgis.com/ja/（2017 年 6 月 5 日アクセス）

(6) 国土交通省国土地理院「電子国土基本図（地図情報）とは」
http://www.gsi.go.jp/kibanjoho/mapinfo_what.html（2017 年 6 月 5 日アクセス）

(7) 電子国土基本図は，数年に一度対象地域内の地物を面的に修正・更新する「面的更新」と道路などの主要な地物が速やかに更新される「迅速更新」の 2 種類の更新がされている.
http://www.gsi.go.jp/kibanjoho/kibanjoho40044.html

(8) 国土交通省国土地理院「地形項目の定義及び具体的箇所」
http://www.gsi.go.jp/kikaku/tenkei_kasen.html（2017 年 6 月 5 日アクセス）

(9) 米国 Esri 社「ストーリー マップ ツアー」
https://storymaps.arcgis.com/ja/app-list/map-tour/（2017 年 6 月 5 日アクセス）

(10) 米国 Esri 社「標高グラフ」
https://www.arcgis.com/home/item.html?id=c99eac1a91154e0f99cbdccfc2447035（2017 年 6 月 5 日アクセス）

(11) 米国 Esri 社「World Elevation サービス」
https://desktop.arcgis.com/ja/arcmap/latest/manage-data/raster-and-images/what-are-the-world-elevation-image-services.htm（2017 年 6 月 5 日アクセス）

(12) 2017 年 6 月 5 日時点. 将来的には，より高精度な数値標高モデルの掲載も検討されている.

(13) 米国 Esri 社「ストーリー マップ スワイプおよびスパイグラス」
https://storymaps.arcgis.com/ja/app-list/swipe-spyglass/（2017 年 6 月 5 日アクセス）

(14) ESRI ジャパン株式会社「教育 GIS ポータル」
https://ej-education.maps.arcgis.com/home/index.html（2017 年 6 月 5 日アクセス）

〔付記〕

　ESRI ジャパン株式会社では，初等中等教育における空間的思考力を養うさまざまな取り組みを支援するため，GIS ソフトウェアの実質的な世界標準である ArcGIS の無償提供を中心とするプログラム（ArcGIS のライセンスと指導者向けトレーニングおよび FAQ サポートを合わせて提供）を実施している．プログラムの詳細は「小中高教育における GIS 利用支援プログラム」（https://www.esrij.com/products/k-12-grant/）を参照．

# 第4章　手軽に授業で使える GIS カード

## はじめに

　2022年度より高等学校で「地理総合」が必修科目として設定される．地理総合では，持続可能な社会づくりに向けた地理教育のために（1）地図と地理情報システム（以下 GIS）の活用，（2）国際理解と国際協力，（3）防災と持続可能な社会の構築の3つのテーマが示されている[1]．GIS は，Google Maps（Google Earth）に代表されるように PC ブラウザやスマートフォンで手軽に地図をデジタルで見る機会が増え，私たちの生活で GIS が身近な存在になりつつある．GIS を授業で活用することで，情報を読み取ったり，データ同士の関連性を発見したりして生徒の地理的な見方や考え方への興味や集中力が高まる，自主的に地図作成や操作などの作業を進めるようになる，社会科だけではなく教科横断で活用できることから学習成果を共有できるなどの効果が期待されている[2]．しかしながら，小学校・中学校・高等学校の教育現場では，高等学校・大学で地理をほとんど学ばないままに地理的分野や地歴科，地域学習などを教えざるを得ない地歴公民科の教員が多くなっており，高等学校の授業で地図と GIS の活用を実施しようとすると，教員養成や PC，インターネットなどの ICT 設備，費用などについて多くの問題が生じている[3]．

　教員に関しては，先に述べたように①地歴公民科の教員は圧倒的に歴史を専修した教員が多く地図を活用した地理空間情報の学習活動ができる教員が少ない，② GIS が1990年代後半から普及した学問であるために GIS を学んだ教員が少ないこと，③これまで GIS は必須ではなかったので授業でどのように取り組めばよいか事例が少なく取り入れが難しいこと，さらに④ IT などの専門的な知識が必要なこと，⑤ GIS ソフトウェアの操作を習得するのに時間がかかることなどがあげられる．また，設備に関しては，⑥ GIS ソフトウェアを使用するためにハイスペックな PC を用意できないこと，⑦インターネット環境が整備されていないことなどがあり，費用面では，⑧コンピューターや GIS ソフトウェア，地理空間データなどに費用がかかること，⑨ GIS を授業で使う際の地理空間データなどの教材作成に時間がかかること，⑩ PC 教室で毎時間の授業ができるとは限らないこと，⑪高等学校の平均的な授業時間が50分と短いことなどがあげられる[4]．GIS カードは，これらの①〜⑪の課題に対して少しでも解消するために考案したものである．

## 1. GIS カードとは

GIS カードは，小学校・中学校・高等学校向けの GIS 学習ツールであり，米国 Esri 社の提供するクラウドサービス「ArcGIS Online」と合わせて利用する．ArcGIS Online で用意した GIS カード用の Web マップが用意されており，利用者は，その Web マップにアクセスでき GIS カードと合わせて利用できる．GIS カードの 1 枚は，GIS 上のレイヤ 1 つに対応している．ArcGIS Online 上で，カードに対応したレイヤのチェックボックスをオン / オフするだけで，各レイヤを重ね合わせて主題図を作成することができ，GIS がどのようなものかを理解することができる．また，PC ブラウザでの利用を推奨しているが，スマートフォンやタブレットでも利用できるのに加えて，PC が 1 台しかない教室でもプロジェクターに投影させて使用することができるなど，さまざまな環境における授業に対応している．

2021 年時点で提供している GIS カードは,「防災」をテーマにしたカードである．「ハザードマップ」「人口密度」などのレイヤに加えて，インクリメント・ピー株式会社が提供する学校，病院などの施設が格納された「公共施設」や避難場所などの「避難施設」などのレイヤを含んでおり，詳細かつ最新の地理空間データを授業や自主学習の場ですぐに使うことができる．

GIS カードは，図 4-1 と図 4-2 のようなカードを PDF でダウンロードできる．GIS カードに連携した Web マップの提供と GIS カードを使った授業をおこなうための手順書および授業で生徒を評価するための評価基準も合わせて提供しており，授業の事前準備に時間を要することなく簡単かつすぐに授業で利用することができる．

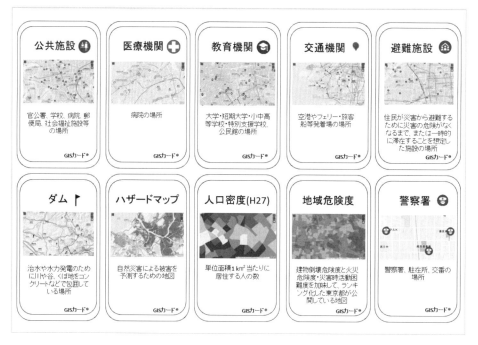

図 4-1　PDF でダウンロードできる GIS カード

## 2. GIS カードを活用した「防災」授業の進め方

　地理の授業で地形と気候の単元を学習した後に，学校所在地の地形を学習し，「自然災害が起こった際に，どうやって安全に自宅まで帰宅するか」をテーマに「GIS カードを使ったハザードマップの作成」の授業事例を紹介する．本テーマを選定したのは，災害発生時に生徒たちが学校にいたとして，災害発生後自宅に安全に帰宅することを想定している．事前に授業で地形について学んでいるため，学校周辺の地形を意識した避難経路は，生徒たちには，地図を見た際にイメージがしやすい．「防災」の GIS カードは，図 4-1 で示している公共施設，医療機関，教育機関，交通機関，避難施設，ダム，ハザードマップ，人口密度（H27），地域危険度（東京都のみ），警察署，消防署（図 4-1，図 4-2）の11 枚のカードおよび自由に書き込める白紙のカードが 8 枚用意されている．

　GIS カードに示された用語は，国土数値情報 土砂災害危険個所データや浸水想定区域などのデータを利用し，また GIS を知らない学生向けを対象としているので，レイヤや属性などの用語の説明が必要であった．また，その用語は，高等学校の教科書には地図に関する内容が少なかったり，国土地理院の扱うデータが高度であるために言葉だけだと生徒がイメージしづらいため，それぞれのカードに絵（イメージ図）を挿入したり説明文を付け加えたりして生徒たちにもわかりやすいように工夫している．

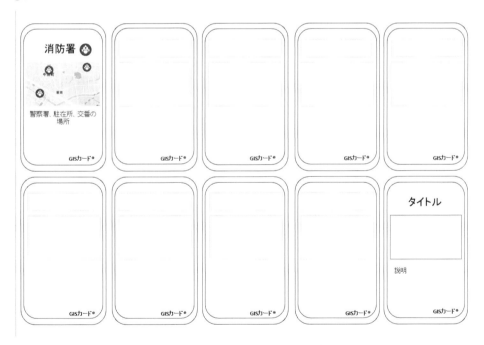

図 4-2　自由に記入できる GIS カード

## 3. GIS カードの実践

　自分たちが通う学校と自宅周辺を対象地域として災害が起こった際，どのような避難経路を利用すれば安全に自宅に帰れるかをテーマにした授業を，GIS カードを使って実践した事例を紹介する．

【準備】
① GIS カード（図 4-1 と図 4-2 で紹介したカード）はパワーポイントにて提供しているのでそれらを印刷し，カード型に切る．
② ArcGIS Online の GIS カード（災害）アプリにアクセスする（図 4-3）．

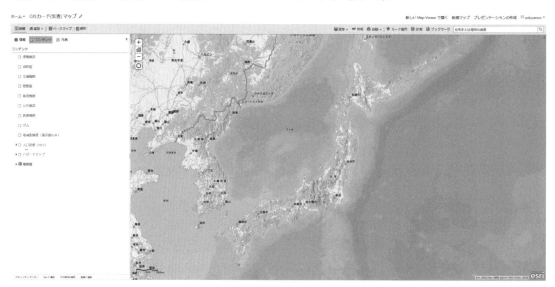

図 4-3　Web マップアプリ（防災編）

アプリに各コンテンツ（レイヤ）が表示されている．デフォルトでは，コンテンツが表示されず，マップを拡大することで各コンテンツが表示される仕組みになっている．

【授業の実践方法】
　操作手順は「基本編」と「応用編」の 2 種類の教材を用意している．基本編ではレイヤへのオン／オフの切り替えおよびマップの拡大縮小で操作でき直感的に作業できるようになっている．いくつかのレイヤを重ね合わせるだけで主題図が作成できるようになっている．
　一方，応用編では基本編に加えてベースマップ（背景図）の切り替えやマップへの直接描画を描くことができる。また、作成した主題図を印刷する手順までの流れを記載している．これによりベースマップを変更することで主題図の見え方がどのように変化するか，また GIS の解析がまだできない生徒でも地図に直接文字や記号を入力することで強調したい事項あるいは，伝えたい事項を直接マップに表示することができる．

## レイヤーの表示・非表示

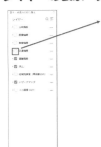

● チェックを外すことで、
レイヤーを非表示にすることが
できる。
● 縮尺に応じて、表示できるレイ
ヤーが制限されている。文字が
グレーアウトしている場合は、
マップを拡大/縮小すると表示で
きる。

## マップの拡大・縮小

● [＋] や [－] ボタンをクリックすることで、
マップの拡大・縮小が可能。
※  ボタンをクリックすることで、初期設定の表示範囲、縮尺に移動する。

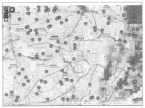

## 凡例の表示

● マップの縮尺に応じて、表示しているレイヤーの凡例を表
示する。

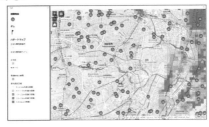

図 4-4　操作手順（基本編）

## ベースマップの切り替え

● [ベースマップ] ボタンをクリックすることで、
背景地図を選択できる。

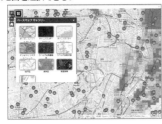

## マップへの描画

● [描画] ボタンからマップ上に線を描いたり、文字を配置し
たりすることができる。

## マップの印刷

● [印刷] ボタンからマップと凡例などを含めた印刷
レイアウトを作成できる。

作成したレイアウトはブラウザーの機能で印刷できる

図 4-5　操作手順（応用編）

「防災」の GIS カードを用いた授業では，以下のような授業を実施することを想定している．

① 話し合い

・3 ～ 4 人のグループを作り，ハザードマップを作成するためにどのような情報が必要かを話し合う．地震，台風，豪雨など，どの災害をテーマにハザードマップを作成したいのかを議論する．

・必要な情報が決まったら，GIS カードの中から，特に必要と思われるものをピックアップする．ここでは，必要と思われる情報をすべて選択させる． GIS カードの選択は，4 枚までなどと枚数制限をして必要な情報の取捨選択をさせても良い．

② 地図作成

・話し合いを行いながら，Web マップで自分たちが選んだレイヤにチェックを入れて，ハザードマップを作成する．作成したハザードマップの情報で，どのような場所が危険な地域かを示したり，ハザードマップとしての機能を十分に果たしているかをグループで話し合いをする．

・情報が十分ではない場合は，他にはどのような情報が必要か話し合う．必要に応じて白紙のカードに，グループで必要と考えた情報（レイヤ）を記入する．

③ 発表

・Web マップの「凡例」ボタンを選択し，Web マップの凡例を表示させる．

・発表者はどのような理由でこの GIS カードを選択しハザードマップを作成したかを発表し，他の生徒たちに聞いてもらう．

・他の生徒たちはその情報でハザードマップが十分に役立っているかを確認する．

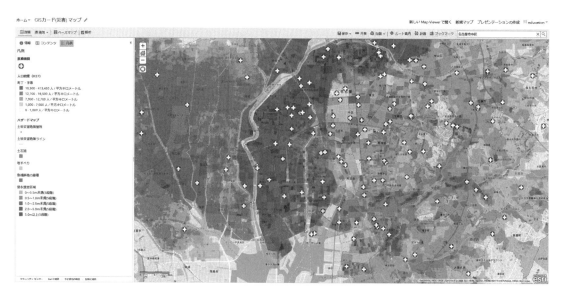

図 4-6 　GIS カードを使った Web マップの主題図の例

## 4. おわりに

2022 年度から始める地理総合では，指導要領が改正されても教員育成過程カリキュラムに対応するには時間がかかる．GIS カードでは，現状を把握し，地理的な情報を調べまとめる技能として，情

報を収集する技能，情報を読み取る技能，その情報をまとめる技能などをサポートできる．GIS カードを使った授業を通して，生徒によるカードの選択，課題の解決に向けた有用な情報を収集させ，選んだ地図（レイヤ）の表示で課題にあった主題図を作成する技能を習得させ，作成した地図の考察を通して地図上で収集した情報を読み取らせることにより生徒に思考力，判断力，表現力を身に付けることができる．まず第 1 弾として「防災」をテーマに取り上げたが，今後，「人口」「環境」など他のテーマも合わせて提供していく予定である．　　　　　　　　　　　　　　　　　　（土田雅代）

**【参考文献・関連 Web サイト】**

(1)　文部科学省「高等学校学習指導要領（平成 30 年告示）」
　　　https://www.mext.go.jp/content/1384661_6_1_3.pdf
(2)　国土交通省「小・中・高等学校教員向け　地理情報システム（GIS）研修プログラムについて」
　　　https://www.mlit.go.jp/kokudoseisaku/kokudoseisaku_tk1_000044.html（2021 年 3 月 31 日アクセス）
(3)　太田　弘「「地理院地図」を利用する教育機関からの情報提供」
　　　https://maps.gsi.go.jp/pn/meeting_partners/data/20181115/6.pdf（2021 年 3 月 31 日アクセス）
(4)　土田雅代・黛　京子・関根智子（2020）：「地理総合に向けた GIS 教材の「GIS カード」を使用した日本大学筒が丘高等学校での授業について」日本大学地理学会「地理誌叢」61（1・2），13-20.
・河合塾「地理総合」
　https://www.kawai-juku.ac.jp/highschool/analysis/geography-history/geography-01/（2021 年 3 月 31 日アクセス）
・GIS カードダウンロードサイト．カードと手順書と一緒に公開されており，以下からダウンロードできる．
　https://ej-education.maps.arcgis.com/home/group,html?id=ebd43392388744bcb406e4537b7d2266#overview
・GIS カードは，小中高利用支援プログラムに申し込んだ方全員に無償で利用できるアプリである．
　「小中高教育における GIS 利用支援プログラム」
　https://www.esrij.com/products/k-12-grant/（2021 年 3 月 31 日アクセス）
　データ協力会社：インクリメント P 株式会社，https://www.incrementp.co.jp/（2021 年 3 月 31 日アクセス）
・GIS カードダウンロードサイト，カードと手順書と一緒に公開されており，小中高利用支援プログラムに申し込むと無償で以下からダウンロードできる．
　https://ej-education.maps.arcgis.com/home/group,html?id=ebd43392388744bcb406e4537b7d2266#overview（2021 年 3 月 31 日アクセス）

# 第5章　世界が抱える課題

## はじめに

　本章では，現在世界が抱える課題として，人口問題，エネルギー問題，食料問題，都市問題，環境問題を取り上げ，それぞれについて GIS を用いた Web アプリケーションを示し，その内容について解説する．地域によってこれらの課題のあらわれ方は異なっているので，世界が抱える課題を空間的に捉えられるように具体的な事例も交えつつコンテンツを作成した．高校の教員が教科書と併用してこれらの Web アプリケーションを生徒に見せて授業で活用することを念頭に置いている．

　本章を執筆するにあたって荒井ほか (2017)[1] の 1 部「世界の諸地域の姿と地球的課題」の 4 章「地球的課題と私たち」を参考にした．荒井ほか (2017) では地球規模の課題として人口問題，エネルギー問題，食料問題，都市問題，環境問題をあげており，これらを学ぶための資料の 1 つとして本章で紹介するアプリケーションを使用することを意図している．

　本章で紹介する Web アプリケーションは，米国 Esri 社が提供するクラウド GIS である ArcGIS Online[2] のアプリケーションの 1 つであるストーリーマップ[3] を使用して作成した．ストーリーマップでは，地図とテキストや画像，動画といったさまざまなコンテンツを組み合わせて Web アプリケーションを作成できる．ストーリーマップにはさまざまなテンプレートが用意されている．

## 1.　人口問題

　世界の人口は過去 200 年で 7 倍以上にもなっているが，一様にどの国でも人口が増えているわけではない．人口が大きく増加している発展途上国では食料の不足，失業が問題となり，人口が減少に向かっている先進国では，経済の停滞や高齢者を支える若者の負担増加が問題となっている．Web アプリケーション「世界の国々の人口ピラミッド」[4] では，世界の国々の人口構成を知り，人口問題の地域性を把握することを目的としている．

　左側の地図と右側の人口ピラミッドの画像が連動している．地図を操作すると地図の表示範囲に含まれる国々の人口ピラミッドの画像が右側に表示される．人口ピラミッドとは，左側に男性，右側に女性のそれぞれ年齢階級別の人口構成比を示したグラフである．なお画像をクリックすると拡大表示され，該当国の人口や人口増加率を確認できる．

　この Web アプリケーションはストーリーマップのクラウドソーステンプレート[5] を使用している．地図と人口ピラミッドの画像とが連動しているので，地理的に近い国の人口ピラミッドを比較し，人

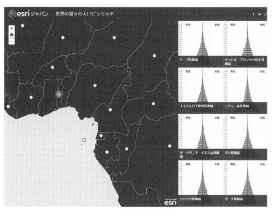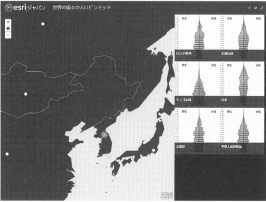

図 5-1　アフリカ中央部の国々の人口ピラミッド　　　　図 5-2　東アジアの国々の人口ピラミッド

口構成の地域性を把握できる．図 5-1 ではアフリカの中央部の地図を表示しているので，右側には該
当範囲に位置する国々の人口ピラミッドが表示される．これらの国はいわゆる富士山型と呼ばれる人
口構成となっていることがわかる．一方で図 5-2 では東アジアの地図を表示している．日本はつぼ型，
韓国は釣鐘型となっており，ロシア，中国，モンゴル，北朝鮮はどの類型にもあてはまらない人口構
成となっている．

　授業では人口ピラミッドの中でも典型的な富士山型，釣鐘型，つぼ型を紹介し，それぞれがどのよ
うな地域性をもっているかを読み取らせ，どのような問題を抱えているかを考えさせたい．アラブ湾
岸の産油国（オマーン，カタール，クウェート，バーレーンなど）は他国から労働者を多く受け入れ
ているため，特に 20 代から 40 代の男性の割合が女性と比べて高いといういびつな人口構成となっ
ている点も紹介したい．この Web アプリケーションからは，世界の国々の人口構成は同じではなく，
地域によって人口に関して抱えている問題はさまざまであることを学べる．

## 2.　エネルギー問題

　資源エネルギーは現代社会において必要不可欠であるが，資源は有限である．人口増加に伴い資源
の消費量も増加しているが，主要な資源である石油に代わるエネルギー源はまだ開発されていない．「か
たよるエネルギーの消費と石油の輸出入」[6] では，資源を有する国と消費する国が必ずしも一致して
いない現状を把握することを目的としている．

　この Web アプリケーションは「1 人あたりエネルギー消費量」「石油の輸入額」（図 5-3），「石油の輸
出額」（図 5-4）の 3 つの主題図から構成されている．アプリケーションの上部のタブを選択することで
それぞれの地図を切り替えて表示できる．「1 人あたりエネルギー消費量」については任意の国をクリッ
クすることで，「石油の輸入額」「石油の輸出額」については任意の円をクリックすることで，該当国の
詳細な値を閲覧できる．この Web アプリケーションは，ストーリーマップのマップシリーズテンプレー
ト [7] を使用した．タブを切り替えても表示される地図の範囲は変わらないので，タブを切り変えるこ
とで 3 つの統計地図を比較できる．

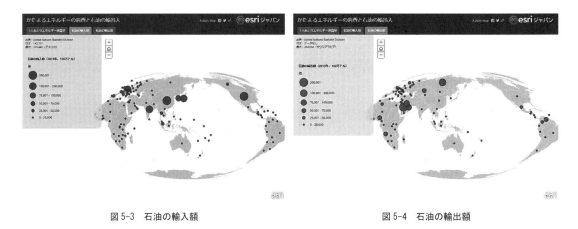

図 5-3　石油の輸入額　　　　　　　　　　　図 5-4　石油の輸出額

　石油の輸出入額のような比例尺度のデータは，一般的になんらかの記号（本節では円）の大きさに比例させて数量の大きさを地図上で表現する．この場合，面積が小さい国が多いヨーロッパでは紙地図による表現が難しい．GIS では地図の移動や拡大，縮小を自由に行えるので，世界の国々の統計情報を確認できる．

　授業では統計地図の読み取りと比較を通して，

　・石油を自国で使用する以上に産出でき，十分にエネルギーを消費できる国
　・資源が少ないため，多くを輸入に頼る国
　・資源は豊富にあるが，資金獲得のため多くを輸出し，自国で資源を多く消費できない国
　・資源も資金もなくエネルギーを十分に使用できない国

にどのような国が該当するかを考えさせたい．

## 3. 食料問題

　農業技術の向上により農作物の生産量は世界的にも増加しているが，それを上回る勢いで人口が増加しているため，アフリカでは特に食料が不足している．一方，先進国では食料が豊富にあり，余った食料の廃棄やカロリーの過剰摂取による肥満が問題となっている．「かたよる食料の需給」[8] では，食料問題に関してその地域性を把握することを目的としている．

　この Web アプリケーションは「1 日 1 人あたりのカロリー摂取量」（図 5-5），「穀物の自給率」（図 5-6）の 2 つの主題図から構成されている．「2. エネルギー問題」と同じマップシリーズテンプレートを使用している．授業では 2 つの主題図を大きく先進国／発展途上国という軸で比較して，どのような問題が起きているかを紹介したい．これらの地図からは，世界では食料の需要と供給の地域差が大きいことを学べる．

## 4. 都市問題

　世界中で均一に人口が増加しているわけではない．農村部の人口が安定した生活を求めて都市部に

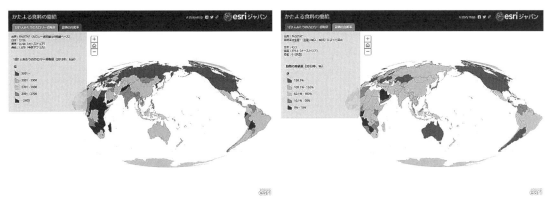

図5-5　1日1人あたりのカロリー摂取量　　　　　図5-6　穀物の自給率

図5-7　スラム　　　　　　　　　　　　図5-8　住宅価格の高騰

流入し，大都市では急激な勢いで人口が増加している．「都市で起きている問題」[9] は，発展途上国や先進国の大都市で現在どのような問題が起きていて，その問題を解決するために何が行われているか学ぶことを目的としている．

　この Web アプリケーションは下にスクロールすると，順次コンテンツが出てくる．都市部に人口が偏っていることを示す「人口分布の偏り」，発展途上国の大都市で起きている問題の例として「スラム」（図5-7），都市が拡大する過程で起きる「スプロール現象」，日本の大都市で起きている問題の例として「住宅価格の高騰」（図5-8），低下した都市機能を回復させるために行われる「都市の再開発」から構成されている．この Web アプリケーションはストーリーマップのカスケードテンプレート [10] を用いている．都市部にどれくらい人口が集中しているか，その結果どのような問題が起きているか，それを解決するために何が行われているか，をストーリーに沿って学べる点が特徴である．また，このテンプレートでは，さまざまな地図や写真，説明の文章を自在に配置して Web アプリケーションを構成できる．多くの大都市で人口が増加しているが，それに伴い生じる問題はさまざまにあり，地域によって異なっていることがわかる．

32

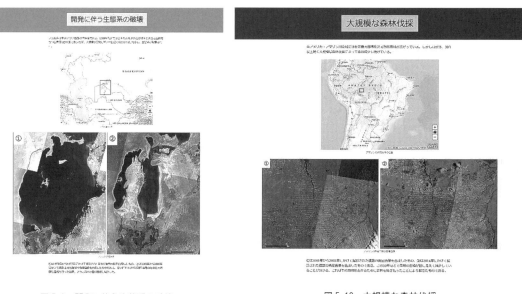

図5-9　開発に伴う生態系の破壊　　　　　図5-10　大規模な森林伐採

## 5. 環境問題

　食料の需要の増加に伴う農地の拡大や森林伐採，化石エネルギーの使用の増加による地球温暖化などによって世界のいたるところで環境問題が起きている．「時期の異なる衛星写真の比較から知る環境問題」[11] では，衛星写真の比較を通して人間の活動が環境に及ぼす影響を知ることを目的としている．

　この Web アプリケーションも前節と同じカスケードテンプレートを使用しており，「開発に伴う生態系の破壊」（図 5-9），「大規模な森林伐採」（図 5-10），「地球温暖化」から構成されている．それぞれの事例について 2 時期の衛星画像を示しているが，その縮尺にも注目してほしい．地球の上空を飛んでいる衛星からでもはっきりとわかるくらいに，人間の活動は地球環境に影響を与えており，地域によってその影響の形はさまざまであることがわかる．衛星は定期的に地球を周回し，モニタリングしている．衛星画像からは環境に関するものだけでなく，地球上の変化をダイナミックに知ることができる．

## 6. おわりに

　本章では，世界が抱える課題として，人口問題，エネルギー問題，食料問題，都市問題，環境問題を取り上げ，それぞれについて参考資料となるような Web アプリケーションを紹介した．最後に本章で取り上げたコンテンツの特色を 3 点あげる．

　1 点目は操作の簡便性である．GIS というと操作が難しいと思われがちであるが，これらのアプリケーションはブラウザがあればマウスをクリックするだけで操作可能であり，教員や生徒も GIS で作成されたことを意識する必要がない．2 点目は情報量の増加である．紙媒体のように紙面の制約が

ないので，エネルギー問題や食料問題，人口問題の Web アプリケーションではすべての国の情報をみることができる．3 点目は，ストーリーマップを活用することにより，地図，文字，画像といったさまざまなコンテンツを組み合わせてインタラクティブな教材を構成できる点である．エネルギー問題や食料問題の Web アプリケーションのように複数の統計データを組み合わせたり，人口問題のアプリケーションのように地図と人口ピラミッドの画像を連動させたりして，従来の教科書にはできなかった情報の見せ方が可能となった．WebGIS というと地図だけが表示されるというイメージがあるが，都市問題や環境問題の Web アプリケーションのようにストーリーに沿って地図や説明文，画像を配置することも可能である．

　ストーリーマップは作成のための対話型のビルダーが用意されているので複雑なプログラミングは必要ない．ぜひこのストーリーマップを使用して教材の作成に取り組んでいただきたい．

（星田侑久）

【参考文献・関連 Web サイト】

(1) 荒井良雄・加賀美雅弘・佐藤哲夫・小島泰雄・小口　高・堤　純・仁平尊明・大山修一・松本　淳（2017）：『高等学校 新地理 A』帝国書院.
(2) ArcGIS Online
　 http://www.arcgis.com（2017 年 5 月 14 日アクセス）
(3) ストーリーマップ
　 https://storymaps.arcgis.com（2017 年 5 月 14 日アクセス）
(4) 世界の国々の人口ピラミッド
　 http://arcg.is/2p85bPX（2017 年 5 月 14 日アクセス）
(5) ストーリー マップ クラウドソース
　 https://storymaps.arcgis.com/ja/app-list/crowdsource/（2017 年 5 月 14 日アクセス）
(6) かたよるエネルギーの消費と石油の輸出入
　 http://arcg.is/2pXKdqQ（2017 年 5 月 14 日アクセス）
(7) ストーリー マップ シリーズ
　 https://storymaps.arcgis.com/ja/app-list/map-series/（2017 年 5 月 14 日アクセス）
(8) かたよる食料の需給
　 http://arcg.is/2pXLMFm（2017 年 5 月 14 日アクセス）
(9) 都市で起きている問題
　 http://arcg.is/2p8ssB4（2017 年 5 月 14 日アクセス）
(10) ストーリー マップ カスケード
　 https://storymaps.arcgis.com/ja/app-list/cascade/（2017 年 5 月 14 日アクセス）
(11) 時期の異なる衛星写真の比較から知る環境問題
　 http://arcg.is/2oY2TTd（2017 年 5 月 14 日アクセス）

34

# 第 6 章　時空間情報システムを用いた地理学習

## 1.　背景と目的

　空間情報に経年変化などの時間情報を加えた「時空間情報」は，現代の情報だけでなく過去や未来の情報も付加することができるため，歴史や文化，教育なども含む幅広い分野でこうした情報を利活用した研究が盛んに行われるようになった．そこで，本章の著者らは2016年度に，GISを用いて運用対象地域の現在と過去の街並みを3次元デジタル地図で再現し，比較しやすくするバーチャル時空間情報システムを開発した．2017〜2018年度にかけて，本システムに拡張現実（AR: Augmented reality），仮想現実（Virtual reality: VR），複合現実（Mixed Reality: MR）などの技術をさらに導入し，コンテンツをより充実させた．そのため，本システムは，GISに関する知識を身に付けるだけではなく，「地理，歴史や文化を学ぶ」「特定地域の過去の地理的状況を知ることにより，地域の脆弱性に関する知識を身に付ける」といった目的でも，利活用されることが期待できる．なお，本システムは著者らの研究室のWebサイト上に掲載しているため，セキュリティと利用者の個人情報に配慮して，利用者登録制により運用する．

## 2.　システムの概要

### 2.1　システム設計
　本システムは，SNS, WebGIS, ギャラリーシステム，AR, VR, MRによって構成され，外部のソーシャルメディアコンテンツと連携している．また本システムは学習系，観光系，AR/VR/MR系に分かれている．本稿では，地理総合におけるGIS教材としてそのまますぐに利用可能な機能のみを紹介するため，AR/VR/MR系システムの機能については触れないが，これらの機能に興味のある読者はぜひ利用して楽しんでいただきたい．本システム，各機能の利用方法については，本システムのWebサイトに説明を掲載している．

### 2.2　対象とする情報端末
　本システムでは．PCは室内，携帯情報端末（タブレット型端末，スマートフォンなど）は室内外での利用を想定しているが，PC，携帯情報端末ともにすべての機能が利用可能である．図6-1にはPC向けのインタフェースを示しており，携帯情報端末でもほぼ同様である．

## 3. システムの機能

### 3.1 システムの利用者登録

　利用者が利用者登録を行っていなければ，利用者登録画面へまず遷移する[1]．利用者登録画面へ遷移したら，Google または Twitter のアカウントを用いて登録する．利用者は，2 回目以降のログインでは，初期画面であるログイン画面からログインし，時空間情報システムのホーム画面に遷移する．

### 3.2 江戸・現代名所再現機能

　利用者は学習系システムのホーム画面で「江戸・現代名所再現機能」をクリックすることで，江戸・現代名所の閲覧や操作が可能になる（図 6-1）．この機能を用いることにより，東京駅周辺地域における江戸時代と現代の街並みを再現することができる．また 3 次元デジタル地図であるため，利用者がマウスを操作することで角度を調整することができる．さらに利用者は「レイヤ」で表示させたいレイヤにチェックを入れることで，そのレイヤを画面で表示させることができる．

　江戸再現機能のレイヤの種類は，3 次元で表示された建物や江戸時代の有名な名所，明暦の大火（明暦 3 年，1657 年）の被害範囲（1 日目は赤色，2 日目は橙色），江戸の街並み・水路・海，現代の東京の主要な観光名所，江戸古地図（1680 年）がある．レイヤのチェックの付け外しによって，江戸時代の地図と現代の地図を見比べることができ，過去と現代の街並みや名所の変化，現代地図における明暦の大火の被災範囲や埋立地の状態などについて，視覚的に理解することができる．またこの機能では，ベースマップタブによるベースマップの切り替えや，日光タブによる昼と夜の切り替え，共有タブによる Web シーンのソーシャルメディアでの共有もできる．

### 3.3 歴史学習機能

　利用者は学習系システムのホーム画面で「歴史学習」をクリックすることで，江戸・現代名所再現機能を用いて明らかになったことや，時代背景をまとめたデジタルテキストを表示するページに遷移する．図 6-2 には空間情報を基にした歴史学習のためのデジタルテキスト画面を示す．デジタルテキストには，江戸時代に起こった出来事，関連する資料・写真を，各将軍の治世ごとにまとめて記載している．ページの端をクリックすること，あるいはカーソルキーを押すことで，アニメーションでページがめくられる．また利用者は，画像下にある説明から引用元のリンク先へ遷移することができる．

### 3.4 統計地理機能

　利用者は学習系システムのホーム画面で「統計地理」をクリックすることで，鉱物資源などの年間生産量をデジタル地図上に 3 次元でグラフ化した図を見ることができる．図 6-3 には天然ガス，鉄鉱石，ダイヤモンド，銀鉱石，金鉱石，銅鉱石，石炭，原油の年間生産量を示す．Web シーン内にある「レイヤ」または Web シーンの下面の画像をクリックすることで，それぞれの資源の採集量をデジタル地図上に分かりやすく表示できる．また，ベースマップタブによるベースマップの切り替えも可能である．地理の授業では資源の採集地や採集量などの統計地理を扱うことが多いが，数字と産出地名だ

図 6-1　PC 向けインタフェース（江戸・現代名所再現機能）

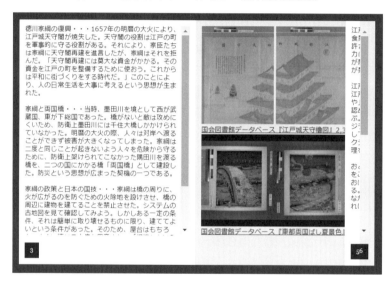

図 6-2　歴史学習機能

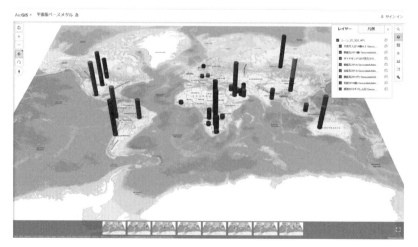

図 6-3　統計地理機能

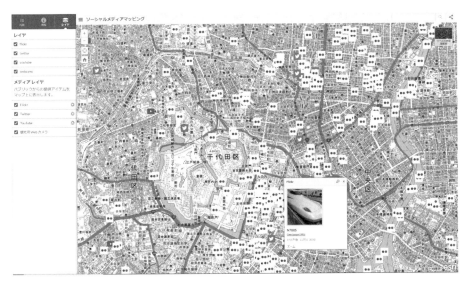

図 6-4　ソーシャルメディアマッピング機能

けでは記憶するのが難しいと感じる生徒も少なくない．そこで，この機能では資源の採集地と採集量
をデジタル地図上で可視化することで記憶しやすくし，生徒の理解を促進させることが期待できる．

### 3.5　ソーシャルメディアマッピング機能

　利用者は観光系ホーム画面で「ソーシャルメディアマッピング」をクリックすることで，Web マッ
プ画面に遷移する．「レイヤ」から表示させたいソーシャルメディアにチェックを入れることで，
Web マップ上に選択したソーシャルメディアによる位置情報付きの投稿が表示される．図 6-4 には東
京駅周辺のソーシャルメディアマッピングを示す．初期画面は東京駅周辺のデジタル地図となってい
るが，利用者が地図を自由に動かすことで世界中からの位置情報付きの投稿を取得できる．Instagram
と Twitter については，利用者個人のアカウントでサインインすることで，Web マップ上にこれらの
ソーシャルメディアを表示することができる．Web マップ上に表示されたソーシャルメディアコン
テンツは，クリックすることで詳細を閲覧すること，検索語句や日時指定を設定することで取得した
い情報だけを表示することも可能である．さらに携帯情報端末での閲覧も可能であるため，GPS で
取得した位置情報により利用者の現在地のデジタル地図を表示させることができる．これにより，利
用者は現在地周辺の情報を瞬時に取得することもできる．

### 3.6　江戸浮世絵マップ機能

　利用者は,観光系ホーム画面で「江戸浮世絵マップ」をクリックすることで,江戸浮世絵ストーリー
マップ画面に遷移する．江戸浮世絵ストーリーマップは，江戸時代の有名な浮世絵である葛飾北斎の
「富嶽三十六景」，歌川広重の「名所江戸百景」「東海道五十三次」の浮世絵を掲載し，その関連した
場所の大まかな位置をプロットしている．浮世絵からは，江戸時代と現代の景観の違いだけでなく，
描かれた人々の生活のようすから江戸時代の文化や習俗なども知ることもできる．図 6-5 に江戸浮世
絵ストーリーマップ画面を示す．

図 6-5　江戸浮世絵マップ機能

## 4. まとめ

　本章では，高校の地理総合における GIS 教材として，時間情報と空間情報の両方を 3 次元デジタル地図で表現する時空間情報システムの利活用を提案した．本システムは GIS 教材としてもともと開発したものではなく，第二著者の牧野が卒業研究や修士研究において地理，歴史や文化を幅広い人々が楽しみながら学ぶことを主目的として開発したものである．しかしながら，本システムを地理教育における GIS 教材として捉えると，本システムを用いることにより，空間情報を扱う地理を基盤として時間情報を扱う歴史の学習も進めることができる．なお，本稿では紹介しなかったが，学習系システムの地理・歴史テスト機能，AR/VR/MR 系システムの機能も，地理総合の教材となりうるため，ぜひ利用していただきたい．また本システムに関する研究成果は，第二著者の牧野の修士論文 [2] にまとめているため，興味のある読者の方々は参照されたい．本システムを利用された教員の方々，生徒の皆さんは，ご意見，ご感想を著者らまでぜひいただけると幸いである．

（山本佳世子・牧野隆平）

**［参考文献・関連 Web サイト］**
(1) 電気通信大学 大学院情報理工学研究科 山本佳世子研究室 時空間情報システム
　　http://pro-system.herokuapp.com/login.php
(2) Ryuhei MAKINO and Kayoko YAMAMOTO (2019) Spatiotemporal Information System Using Mixed Reality for Area-Based Learning and Sightseeing. Stan GEERTMAN, Andrew ALLAN, Chris PETTIT, John STILLWELL (eds.) Lecture Notes in Geoinformation and Cartography: Computational Urban Planning and Management for Smart Cities. Springer, 283-302.
・ 牧野隆平 (2019)：「複合現実を用いた時空間情報システム構築に関する研究」平成 30 年度電気通信大学大学院情報理工学研究科情報学専攻修士論文，165p.

# 第Ⅱ部
# 地理空間情報の活用

# 第7章　身近な地域の学習における GIS の利用

## はじめに

　高等学校における地理教育は，2022 年度から導入される新しい学習指導要領によって，大きく変わろうとしている．文部科学省が公表している『高等学校学習指導要領（平成 30 年告示)』によると，現行の地理歴史科の「地理 A」と「地理 B」から，「地理総合」という必修科目と「地理探究」という選択科目が創設される．科目の内容において，「地理総合」では「地図や地理情報システムと現代世界」が最初の項目として設定されており，地図や地理情報システム（GIS）に関わる地理的な技能を，教科の必修化によって高校生全員が学ぶことになる．

　GIS に関しては，以前の地理 A や地理 B の教科書でも触れられており，PC でインターネットを利用する時や，スマートフォンで位置情報を表示させる際に，画面上で地図を眺めることができることから，高校生にとっても情報活用手段としての接点はあった．しかしながら地理教育で GIS を利用するとなると，まだまだ教育現場には抵抗が強いのではないだろうか．その要因としては，GIS は難しいといった印象や，地理歴史科における世界史の必修化による地理履修者の減少が考えられる．さらには学生時代に GIS 教育を受けてきていない教員にとって，GIS の教材研究は検討もつかないといったこともあるかもしれない．大学の地理学教室でさえ，21 世紀に入る前までは GIS を学ぶことができる場所は限られていたし，現在でも地理の教育法や教材教育において，すべての大学で GIS を教わることができるわけではない．

　そこで，高等学校の地理の授業においても，現場の教員が GIS 教材を使いこなせるような方法を明確にしていく必要がある．そもそも「地理総合」においては，「地図上に表された事象と実際のできごとを関連付けて考察する力」と「考察したことを，目的に応じて地図等にまとめ，効果的に説明する力」の要請があり，「問いを重視した授業展開」として「社会的事象の地理的な見方・考え方」を働かせた授業設計に GIS の利用が求められているのである．

　本章においては，GIS を高等学校の地理の授業で活用していくために，「身近な地域の学習」における GIS 教材を紹介していきたい．身近な地域の学習は，日常生活を経験している場所を扱うため，課題を導く上で情報を集めやすい．さらに IT 化が進んできたことによって，インターネットから GIS に関係した教材を簡単に入手できるようになってきた．授業においても PC の操作とインターネットの利用によって十分に GIS 教育は実施できるのである．

　なお，身近な地域の事例として，滋賀県を対象地域とする．たまたま著者の職場があるというだけで，次節以降で紹介する内容や手段，課題などは読者の学校でも活用可能である．ただし条件として，地

図などで表示される現場に関心を持ってもらうこと，最低限のPCを使える技術があるということは前提としておきたい．いずれも，地理教育においては地誌学習などにおいて知識の習得に必要とされてきたことであったし，スマートフォンの使用に慣れている高校生にとってみれば，コンピューター操作はそれほど問題ないであろう．

## 1. Google Earthによる緯度経度の表示

　GIS教材を紹介していくために，まずGISの基本的な考え方を説明しておきたい．小学生でも知っていることだが，地球は丸い．しかし地図は平面で表示される（図7-1）．日頃の生活行動範囲ではその矛盾を感じることはないかもしれないが，赤道を中央にして北極から南極までを想定すると上端と下端の歪みを無視できない．過去の偉人たちがその矛盾を克服するために，投影法や座標系といった方法で，丸いものを四角にする努力を積み重ねてきた．その成果を理解する手段の1つとして，地球上の位置を地図の緯度経度で確認することができる．

　インターネット検索サイトのGoogleのメニューからEarthを選択する．Google Earthをダウンロードするというところをクリックすると，無料ソフトが保存でき，実行を押せば，ソフトが起動する．Google EarthがGIS教材として適しているのは，初期画面が丸い地球（図7-1）であるため，マウスをスクロールしながら衛星画像の写真である画面上の範囲を拡大／縮小することで，地球の球体から地図の平面への変換を追体験できる．

　身近な地域の学習を想定して，例えば滋賀県彦根市八坂町を拡大してみよう（図7-1）．琵琶湖の沿岸に位置していて，犬上川の河口部左岸にある．大学近辺の見慣れた地図と変わらない．しかし画面をマウスで移動すると，画像だけでなく右下にある数値も変動するはずである．ここに表示されているのが，地球上の位置を示す緯度経度であり，35°15'35.60"N と 136°13'09.10"E などのように表示される．この数値が地球を平面に変換した結果としての座標上の位置（北緯35度15分35.60／東経136度13分09.10）となる．

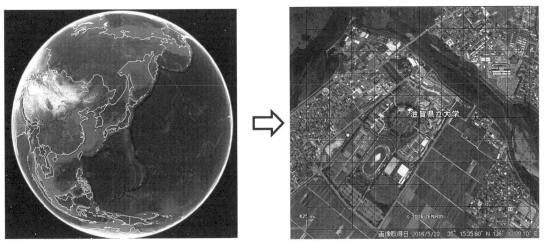

図7-1　地球の形と地図の座標表現

この後も GIS による地図を使っていくわけだが，すべての地図は現実の地球を平面に投影して表現したものであることを理解させておきたい．地図として表現したものであるからこそ，さまざまなデータなどの追加情報を表示して重ね合わせることができるのである．

## 2. 総務省統計局による統計 GIS の紹介

PC を使ったインターネット上の地図や衛星画像の表示だけなら，まだ GIS 教育とは言い難い．その程度の GIS は常日頃からスマートフォンで行きたい店舗などの位置情報を調べるときによく目にする画面でも利用できる．では，続いて，GIS の利便性を示す理由として，統計データを瞬時に地図で表現できる方法を紹介してみよう．まずは総務省統計局のサイトから e-stat（政府統計の総合窓口）を表示させ，次に「地図上で統計データを表示（統計 GIS）」の画面を選択してもらいたい．

最初のメニュー画面には「地図で見る統計（jSTAT MAP）」「統計データダウンロード」「境界データダウンロード」がある．「地図で見る統計データ（jSTAT MAP）」をクリックすると，説明画面が表示され，ログインすると利用できる機能は増えるがここで「ログインしないで GIS を始める」を選択する．初期画面は東京都の中心部なので，身近な地域に地図を移動させよう．右上のメニューで「国勢調査小地域（H27 年）」を選ぶ．この後は左上のメニューにある「操作ガイド」から「統計データを見る」を選択し，見たい統計データを自由に選んでみよう．

ここでは高校生の身近な地域と同世代への関心にあわせて，学校がある所在地（彦根市八坂町）付近の小地域別に見た若者（15 〜 19 歳）割合の分布を表示させる（図 7-2）．操作ガイドで「統計データを見る」を選択し，表示したい統計データを選択していく．マニュアルも参考にするとよい．学校付近の小地域において，以上の操作で若者がどのように分布しているのか理解できるだろう．そこに一戸建ての住宅地の分布やアパートやマンションといった集合住宅あるいは，農村集落や新興住宅地などの地域的差異を検討できるはずである．

図 7-2　彦根市八坂町付近の若者（15 〜 19 歳）の分布図

## 3．GIS ソフトの MANDARA による地域区分図の作成

　全国的な地域に関する統計データの概要が分かってくると，身近な地域調査にふさわしい地域ス
ケールでのデータが必要になってくる．上記の総務省統計局のデータによっても，都道府県から市区
町村，さらにはより細かい地域単位での小地域のデータも扱えるのであるが，インターネット上の統
計を利用するため，データを差し替えたり，自分たちで入手したデータを表示したりしたい場合には，
表現内容に限界が生じる．そこで次に紹介したいのは，フリーの GIS ソフトである MANDARA である．
　MANDARA が高校生や一般向けに対しても GIS ソフトとして便利なのは，無料でインターネット
からダウンロードできることに加え，代表的な表計算ソフトの EXCEL のデータをそのまま読み込め
るからである．例えば，47 都道府県別のデータを表示させたい場合や，自分が住んでいる都道府県
内の市区町村のデータを入力したい場合に，EXCEL のデータシートを少し補足するだけで，コピー
＆ペーストにより地域区分図があっという間に作成できる．
　図 7-3 では学校の所在地周辺の地域を理解するために，近畿地方の市町村別人口増加率の分布を示
した．すでに MANDARA のソフトの中にも，初期データとして 2010 〜 2015 年の人口増加率は入っ
ており，今後も国勢調査が進行していくにつれて，データを置き換えたり追加入力したりしていけば，
最新の区分図を作成できる．
　さらに MANDARA の機能を使えば，より細かい地域単位の区画を国土地理院のデータから読み取
ることができる．あるいはコンビニエンスストアなどの諸施設の位置情報や現地調査によって入手し
た計測データなども表示できる．工夫次第では授業の内容に応じて地図が作成できるだろう．

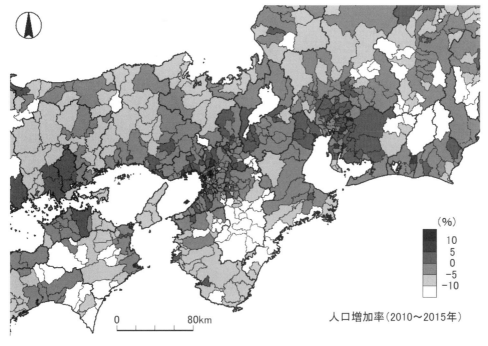

図 7-3　近畿地方の市区町村における人口増加率の分布

## 4. GIS による解析のための身近な地域での調査方法の紹介

　GIS を利用できるようになってくると，地図の閲覧や統計データの表示だけでは物足りなくなってくるだろう．最後に紹介したいのは，実際に大学生が GIS による解析を意識して身近な地域における現地調査から GIS データを入手した事例である．環境問題の事例として，駅周辺のポイ捨てゴミの分布を空間的に調査した（図 7-4）．大学や公的機関，さらには民間企業であれば有料で多機能のGIS ソフトが使えるかもしれない．ただし高等学校では学校の予算や生徒の受講時間の問題もあって，本格的な GIS ソフトを使うところまで進めるのは難しい．そこで調査結果を地図や空中写真上に記入し，メッシュをかけることによって，気軽に GIS の分析に触れることができる．

　ポイ捨てゴミの分布といっても駅周辺で一様に広がっているわけではなく，ゴミをポイ捨てする人の行動心理から分布の空間的傾向を読み取る方法がある．建物の配置や車道と歩道の位置関係，駐車場といった要素から，駅の入口付近や人が一時的に立ち止まれる場所，車の駐車位置にポイ捨てゴミが多く分布していることがわかる．さらに駅の構造や歩行者の導線を調べていくと，より具体的なポイ捨ての傾向を示すことができるだろう．通学している学校や住んでいる場所で発生しているさまざまな問題にも GIS による解析方法が参考となるのではないか．

　他にも各自が入手してきたさまざまな施設などの位置情報を地図に表示させ，GIS による空間解析方法を使えば，地図の読図能力に加え，発表に使えるプレゼンテーション力も身につけることができる．GIS を教えている授業の受講生には毎年度の学期末に最終課題として，各自のオリジナルな主題図を作成させている．そこでは必ず自分の作った地図を文章で説明させ，学習の成果を自らが確認できるように誘導しているのである．

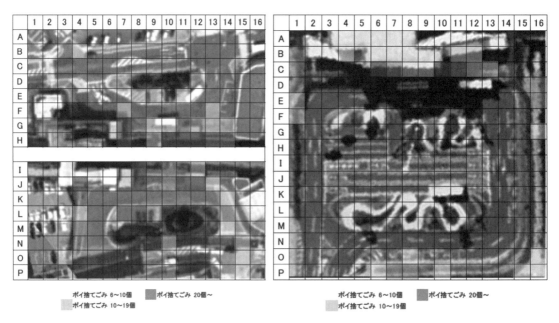

図 7-4　JR 琵琶湖線の南彦根駅（左）と南草津駅（右）の周辺に見るポイ捨てゴミの分布

## 5. 高等学校における教室での地理授業を想定して

　2022 年度からの新たな地理教育に向けて，これからどのような準備が必要になってくるだろうか．教科書や教材が新しくなるとはいえ，地理情報の活用はすでに日常生活に根付いてきている．もしかすると生徒たちの方が地理情報に慣れているかもしれない．しかしながら，それらの活用方法といえば，まだまだ地図の表示程度のものに過ぎない．学習教材としての地理情報の教材化は，GIS の操作につながるコンピュータースキルと国内外の地理認識が備わってこそ，教員にとっても生徒にとっても利用可能となる．

　高等学校の教室の場合，1 人に PC が 1 台というのは今のところ非現実的である．そうした設備的な限界はあるにせよ，PC の画面による表示や生徒のスマートフォンを利用することなどによって，GIS に接することはできるだろう．生徒自らが地理情報を主体的に活用できるようになるためにも，教員が GIS の初歩について習得しておいてもらいたい．筆者も高校生の時には GIS にまったく接することがなく，大学生になっても言葉としてしか知らなかったのだが，30 歳を過ぎてから必要に迫られて GIS を習得するようになった．地理的な興味関心があったということでは，苦手意識はなかったかもしれないが，いまだにスマートフォンを持っていてもガラケー程度の機能しか使いこなせていない．それでも数年が経つうちに大学で GIS を教えるようになれたのである．食わず嫌いで敬遠するよりも，試食を繰り返していきながら，GIS の「調理方法」を上達させてもらいたい．その可能性は各学校の身近な地域で見つけられるだろう．　　　　　　　　　　　　　　　　（香川雄一）

**［参考文献・関連 Web サイト］**
・阿久津良和・大崎　誠・オンサイト（2006）:『地球を新体感！ Google Earth 入門』翔泳社，191p.
・浅見泰司・矢野桂司・貞広幸雄・湯田ミノリ編（2015）:『地理情報科学 GIS スタンダード』古今書院，201p.
・今木洋大・岡安利治（2015）:『QGIS 入門 第 2 版』古今書院，270p.
・浦川豪監修／島﨑彦人・古屋貴司・桐村喬・星田侑久（2015）:『GIS を使った主題図作成講座－地域情報をまとめる・伝える－』古今書院，102p.
・古今書院（2013）: 特集 GIS で地理を学ぼう．地理 58-3，20-51.
・後藤真太郎・谷　謙二・酒井聡一・加藤一郎（2007）:『MANDARA と EXCEL による市民のための GIS 講座 新版』古今書院，204p.
・仙石裕明・田村賢哉（2013）:「Google Earth を活用した地歴教材の提供」地理 58-3，40-45.
・谷　謙二（2018）:『フリー GIS ソフト MANDARA10 入門』古今書院，122p.
・谷　謙二（2018）:『フリー GIS ソフト MANDARA10 パーフェクトマスター』古今書院，334p.
・橋本雄一編（2017）:『二訂版 QGIS の基本と防災活用』古今書院，191p.
・森　泰三（2014）:『GIS で楽しい地理授業』古今書院，116p.
・文部科学省「高等学校学習指導要領（平成 30 年告示）」
　https://www.mext.go.jp/content/1384661_6_1_3.pdf
・Google「Google Earth」
　https://www.google.com/earth/?_ga=1.166699256.798061776.1358414592

# 第8章　基盤地図情報を利用した白地図の作成

## 1. オリジナルマップのための白地図

　地図に関する学習の最初の段階では，身近な地域のさまざまな事象を調べ，白地図に書き込んで抽象化する作業が行われることが多い．白地図に神社などの地域のランドマークや，公共施設，商店などを書き込んで,オリジナルの地図を作成して地域の特徴を理解する．オリジナルマップを作ったら，上乗せした情報の地理的関係に思いを馳せるということも可能になる．例えば，地域資源の並び方を見て，この道は何かの街道であったのだろうかと予測し，実際に調べてみると有名な神社への参詣路だったということがある．地域を理解し，親しみを持つ大切なプロセスである．

　このために使われる白地図は，道路や市町村境界など基本的な情報と，学校や特徴的な建物のみが描かれた大縮尺の地図である．令和2年度から完全実施となった学習指導要領では，小学校3年生から地図帳が配布されることになったが，このような地域調べのための白地図は，それぞれの先生や，市町村の教育委員会などが独自に手作りすることが多い．ここでは，国が無償提供している基本的な地図情報である基盤地図情報から白地図を作る方法について説明する．

## 2. 基盤地図情報とは

　基盤地図情報とは，電子地図上における地理空間情報の位置を定めるための基準となる，海岸線，道路の境界線,行政区画の境界線などの位置情報の電子データである．これは,地図を作るものにとっての共通に使用する地図データとなっている．

　かつては，地図のデータは，国や地方公共団体，民間事業者等のさまざまな関係者によって，それぞれの目的に応じて個別に整備されていた．そのため，整備した団体が異なると精度が異なるとともに誤差の範囲内で位置にズレが生じていた．そのズレに起因して地図の整備団体の異なるものを相互に利用する場合に（例えば国土地理院の発行する地図に他の地図で調べた建物の情報を重ねて表示しようとする場合など）うまく重ね合わせができなかったり，隣り合う地図がつながらなかったりという問題がおきていた．この問題を解決するため，国土地理院が中心となって，国・地方公共団体等が整備する地図データを1つに集約し，基盤地図情報として整備した．刻一刻と変わる国土の姿を基盤地図情報に反映するため，国土地理院が位置情報の管理者として国・地方公共団体等の地理空間情報を入手し，随時更新を行っている．

## 3.　基盤地図情報をダウンロードする

　基盤地図情報から白地図を作るためには，とにもかくにも基盤地図情報をダウンロードすることが必要である．基盤地図情報は国土地理院 Web サイトから無償でダウンロード可能である．ただし，初回の利用時にユーザー登録が必要である．一度ユーザー登録をしてしまえば，二度目からは登録したアカウントでログインすることで，基盤地図情報をダウンロードできる．

　白地図を作るのに必要な基盤地図情報をダウンロードする方法を示す．まず，国土地理院 Web サイトの総合トップページ（https://www.gsi.go.jp/）を開き，画面右側の「地図情報」ボタンをクリックする．「地図・空中写真・地理調査」ページが開くので，「基盤地図情報」ボタンをクリックする．開いたページで「基盤地図情報のダウンロード」をクリックする（図8-1）．これで基盤地図情報ダウンロードサービスページが開かれる．

　基盤地図情報ダウンロードサービスページが開いたら「基盤地図情報基本項目」をクリックして，条件選択画面を開く．　条件選択画面が開いたら，ダウンロードする項目を選び，データが必要な場所を選ぶ．まず，「検索条件指定」欄の「全項目」からチェックを外すと，ダウンロードする項目を選択するためのチェックボックスがあらわれる．今回の白地図作成では「海岸線」「水涯線」「道路縁」「軌道の中心線」にチェックを入れる．これらは，海岸，河川・湖・沼・池等，道路，鉄道のデータである．次に，ダウンロードしたい場所を選択するには4通りの方法がある．地図から選ぶ場合には，右側の地図の該当するマス目をクリックする（「メッシュ選択」）か，地図上で選択したい範囲をドラッグする（「包含選択」）．「メッシュ選択」と「包含選択」は，地図の左上に表示される「地図から選択」メニューで切り替えることができる．都道府県または市町村から選ぶ場合は表示されたプルダウン選択肢を選び，2次メッシュで選ぶ場合は2次メッシュ番号を打ち込む．また「全項目」をダウンロードする場合のみ，「全国」にチェックを入れることで、地方ごとにまとめてデータを選択することもできる．選び終えたら「選択リストに追加」をクリックし，ダウンロードする場所を確定する．最後に，「ダウンロードファイル確認へ」ボタンを押せば，ダウンロードファイルリストが表示される．

①国土地理院総合トップページ　　②「地図・空中写真・地理調査」画面　　③「基盤地図情報サイト」画面

図 8-1　基盤地図情報ダウンロードサービスページの開き方

48

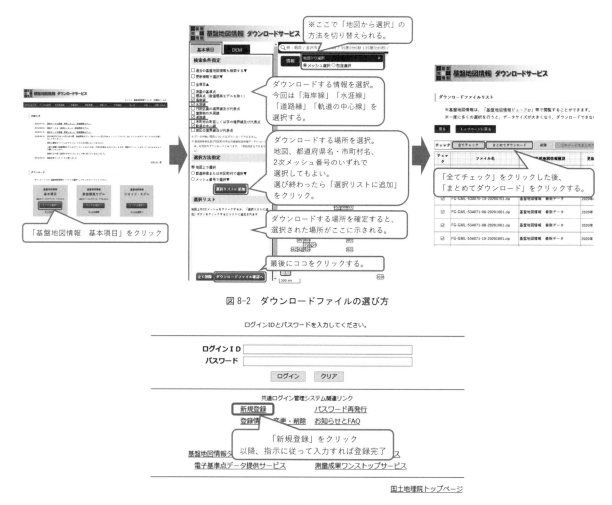

図 8-2　ダウンロードファイルの選び方

ログインIDとパスワードを入力してください。

ログインＩＤ
パスワード

ログイン　　クリア

共通ログイン管理システム関連リンク

新規登録　　　　　　パスワード再発行
登録情報変更・削除　お知らせとFAQ

「新規登録」をクリック
以降、指示に従って入力すれば登録完了

基盤地図情報ダ　　　　　　　　　　　　ス
電子基準点データ提供サービス　　　測量成果ワンストップサービス

国土地理院トップページ

図 8-3　国土地理院のシステム　ログイン画面

　ダウンロードファイルリストが表示されたら,「全てチェック」をクリックした後に「まとめてダウンロード」をクリックする.

　以上の手順を図 8-2 に示す. ダウンロードする際には, 国土地理院のシステムへのログインを求められる. ユーザー登録済みの場合はログイン ID とパスワードを入力, 初めて利用する場合は「新規登録」をクリックして指示に従いながらユーザー登録をおこなう（図 8-3）. ログインが完了するとアンケート画面が開くので, 任意で回答して「次へ」をクリックするとダウンロードが開始される.

## 4. 基盤地図情報からの白地図の作成

　基盤地図情報がダウンロードできたら, 次は白地図を作成する. ここからは GIS ソフトを用いて作業をする. いよいよ GIS 解析の扉を開くことになる.

　GIS ソフトとして「基盤地図情報ビューア」をダウンロードすることからはじめる. 基盤地図情報ダウンロードサービスのページ上部にある「各種資料」をクリックする. 各種資料のページの中から「表

図 8-4　基盤地図情報ビューアのダウンロード

図 8-5　基盤地図情報ビューアでのファイルの開き方

示ソフトウェア」に分類されている「基盤地図情報ビューア」を探し出し，クリックする（図 8-4）．クリックすると基盤地図情報ビューアが「FGDV.zip」というファイル名でダウンロードされる．

　次は，「基盤地図情報ビューア」を使って白地図を作る作業にうつる．「FGDV.exe」をダブルクリックし，基盤地図情報ビューアを開く．左上の新規ファイルボタン又はファイルタブ中の新規プロジェクト作成をクリックし，新規プロジェクト作成ウィンドウを開く．新規プロジェクト作成ウィンドウの「追加」をクリックしてダウンロードしてきた基盤地図情報の .zip ファイルを登録する．ファイルが登録されたことを確認して「OK」をクリックすると，ファイルの読み込みが開始される（図 8-5）．このときに，広い範囲の基盤地図情報を指定すると，ファイルサイズが大きいため時間がかかることがある．

　基盤地図情報のデータを開くことができたら，印刷をして白地図は完成である．基盤地図情報ビューアの上部にある印刷ボタンをクリックすると，印刷設定のウィンドウが開く（図 8-6）．用途に合わせて設定をおこない印刷をされたい．

　また，印刷をして紙ベースにしなくても，PC 上で操作可能な白地図ファイルとして保存することもできる．他の章で紹介されている GIS 解析でたびたび使われている「QGIS」という GIS ソフトで

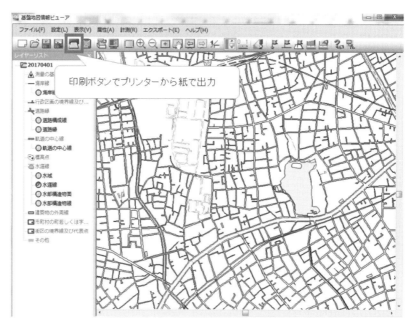

図 8-6　白地図の印刷

図 8-7　シェープファイルの作成方法

使用可能な「シェープファイル」というファイル形式に変換することもできる．まず，基盤地図情報ビューアの上部にある「エクスポート」をクリックして開いたメニューの中の「エクスポート」をクリックする．別ウィンドウとしてエクスポートウィンドウが開くので，変換種別を「シェープファイル」，「直角座標系に変換」のチェックを外し，変換する要素をすべて選択，変換する領域を「全データ領域を出力」にそれぞれ設定する．加えて，この作業で作成されるシェープファイルの保存先も「出力先フォルダ」に入力して指定しておく（図 8-7）．これで「OK」をクリックすると，指定した出力先フォルダに，

シェープファイルが作成される.

　このようにして作成した紙・電子形式の白地図に, フィールドワークの結果などを書き込んで考察してみれば, GIS 解析となる. GIS 解析の例としては, 他の章で紹介されている. もっと身近な問題に目を向けてもよい. 例えば, こうした白地図に「通学路危険箇所チェックシート」などとして, 危険と思われる場所をプロットしてもよい. 他にもいろいろと用途がある. 白地図に無限の可能性を見出すことだろう.

## 5.　基盤地図情報を利用する際の注意点

　基盤地図情報を用いて白地図を作る方法を紹介してきた. 基盤地図情報を利用する場合は, 出典の記載など国土地理院コンテンツ利用規約が適用されることに注意していただきたい. これを守れば自由に利用できる仕組みとなっている[1]. 国土地理院コンテンツ利用規約の規定については国土地理院 Web サイト (https://www.gsi.go.jp/kikakuchousei/kikakuchousei40182.html) を見ていただきたい.

## 6.　子どもたちに学んでほしいこと

　デジタル世代の子どもたちは, 一度操作を理解すれば, GIS を使ってさまざまなオリジナルマップを作ることはたやすい. 自らの足で集めた情報を白地図に載せて, 自分だけの地図を作って地域を理解することに楽しみを見出してほしい. 外を歩いてみれば, さまざまな発見があることだろう. われわれは地に足をつけずに生きることはできない. われわれの社会が, 空間というものをベースとして成り立っているということに関心を払ってもらえることを願っている.

(芹澤由尚・宇根　寛・熊谷祐穂・新井雅史・藤村英範)

［注］
(1)　ただし, 基盤地図情報は, その利用方法によって測量法に基づいて利用に制約がある場合がある. どのような利用方法が測量法に基づく制限に該当し, どのような利用手続きが必要かについては国土地理院 Web サイト内「国土地理院の地図の利用手続」(https://www.gsi.go.jp/LAW/2930-index.html) を参照されたい.

# 第9章　地域統計データの可視化

## はじめに

　令和4年度（2022年度）の高等学校入学生から「地理総合」が必修化されることになった．これまで高等学校における地理は選択科目であり，すべての生徒が学ぶとは限らなかったが，今後は必修科目として地理を学ぶことになる．そして，高等学校はすべての生徒に向けて地理総合の授業を提供しなければならなくなった．

　地理総合には3つの柱がある．1つが「地図と地理情報システムの活用」，2つ目が「国際理解と国際協力」，3つ目が「防災と持続可能な社会の構築」である[1]．地理総合は，地理歴史科の教員免許を持つ教員が専門は何であれ担当する可能性がある．特に「地図と地理情報システムの活用」に対して現場からは授業の実施に不安や否定的な反応が感じられる[2]．例えば，生徒に地理情報システム（以下GIS）を操作させようとしても端末の不足や，ソフトウエアのインストールが自由にできないという制約がある．また，GISを活用した経験のない教員がその授業が可能なのかという疑問の声も上がる．

　授業では，生徒にGISの操作をさせなければならないわけではない．GISに類する体験をWebや紙でおこなうことでもかまわない．どちらかといえば教員がGISの有用性に対する理解を促す授業を実施することが重要である．防災を考える際，ある地域の災害の危険性と人口や施設の分布を重ね合わせることで，防災対策のあり方を検討することができるとか，ビッグデータ時代に出てきた大量のデータを可視化するにはGISが有利であることなど，GISと社会との関連性を示す題材を取り上げる授業を実施することが大切である．

　本章ではGISを活用して統計データを可視化することを通じて，よりよく地域を理解できることを生徒に示す授業を実施するため，容易に入手できるデータを活用して地域の統計データを可視化する手順を解説する．利用するGISソフトは統計地図に特化したフリーソフトウエアである「地理情報支援システムMANDARA[3]」である．また，地域経済分析支援システムRESASで得られるデータを利用してMANDARAで主題図を作成する方法についても触れる．

## 1.　MANDARAを利用した都道府県別統計地図の作成

　MANDARAはGISの基本的仕組みを示すようなソフトウエアである．地図データと属性データを組み合わせて統計地図のような主題図を作成することができるからである．ここでは例として日本

地図と統計データを使って主題図を作成する.

　MANDARAには多くの人が利用する日本の47都道府県の地図データがあらかじめ用意されており，都道府県別の統計データがあれば主題図を作成することができる(図9-1). その手順を説明する. まず，MANDARAをインストールする[4]. 次にMANDARAを起動し，その起動時のメニューの一番下に「マップエディタ」があるので，それを選択し「OK」のボタンを押す. するとマップエディタが立ち上がり，地図ファイルを表示できる. 次に「ファイル」→「地図ファイルを開く」とし，地図ファイルのフォルダにアクセスすると「JAPAN.mpfz」（PC の設定によっては拡張子の .mpfz は見えない）があることがわかる. これが都道府県別の日本地図のデータである. このファイルを開くと，47 都道府県の境界線とその領域を示す代表点が示される. 統計データを作るとき，データ上の地域名は，「東京」ではなく「東京都」，「富山」ではなく「富山県」で作成することが望ましい. 地図の上の地域名と統計データの地域名が同じでないと統計データを地図の上に反映することができない[5].

　次は統計データの形成をする. 今回は都道府県別の自家用車保有台数についての統計地図を作成する. ここでは学校図書館で入手できる『日本国勢図会』[6] を利用する. 都道府県別人口と世帯数，乗用車保有台数を日本国勢図会に掲載されている都道府県別のデータを表計算ソフトへ入力して図9-1 にあるような地理行列を作成する[7]. 次に乗用車保有台数を世帯数で除して，1 世帯あたりの自動車保有台数を算出する. 日常的に表計算ソフトを利用していれば，ここまではそれほど難しくない. その後，MANDARA で利用するためのタグをつける. 図 9-1 を参照すればわかると思うが，使用す

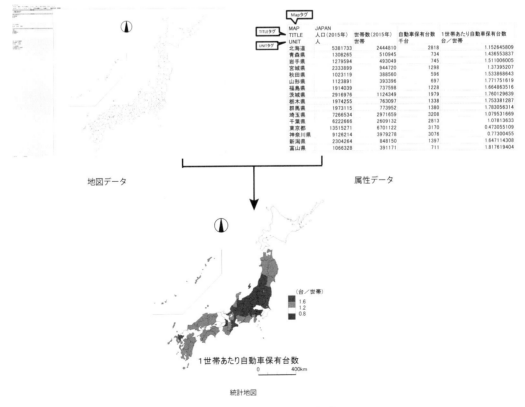

図 9-1　MANDARA の仕組みとタグ

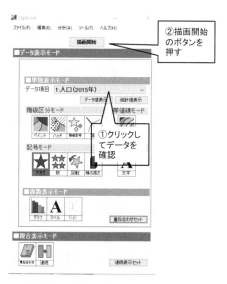

図 9-2　MANDARA の操作画面

る地図を定義する「MAP」タグ，属性データの名称を定義する「TITLE」タグ，そして，データの単位を表す「UNIT」タグがある．他にもいろいろなタグがあるが，まずはこの 3 つを利用する．

　タグをつけた後，作成した地理行列を地図の上に反映させる．表計算ソフト上で完成した表を選択して「編集」→「コピー」とし，MANDARA のメニューから，「ファイル」→「クリップボードからデータの読み込み」とする．MANDARA の「データ項目」を確認すると（図 9-2 ①），エクセルで作成したデータのタイトルがそこに反映される．描画したいデータを選択し「描画開始」のボタンを押すと（図 9-2 ②），日本の都道府県別の統計地図が描画される（図 9-1）．データを変更して，1 世帯当たりの乗用車台数を示すと，東京大都市圏は世帯当たりの乗用車台数が少ないことがわかる．また地方でも一律に世帯当たりの台数が多いわけではなく，地域差があることもわかる．ここまでやってみるとわかると思うが，都道府県単位の統計地図は MANDARA に用意してある日本地図を使いながら割と容易に作成できる．

## 2.　MANDARA を利用した国勢調査小地域統計の地図作成

　国勢調査の小地域統計を使った統計地図の作成もそれほど難しくはない．今回は富山市の人口密度を示すことにする．

　まず国勢調査の小地域統計を「地図で見る統計（統計 GIS）」[8] からダウンロードする（図 9-3）．統計データダウンロードをクリックすると，次の画面に進み，政府統計名を問われるので「国勢調査」と選択する．次に調査年次を選択するが，執筆時点では「2015 年」までしか公開されていないため，それを選択する．そうすると選択できる地域単位が「小地域（町丁・字等別）」や「3 次メッシュ（1 km メッシュ）」など選択ができる．人口密度を求めるためには小地域ごとの人口データが必要なため，「小地域（町丁・字等別）」を選択し，「男女別人口総数及び世帯総数」を選択し，「16 富山県」の「CSV」をクリックすると統計データがダウンロードされる．次に境界データをダウンロードする．

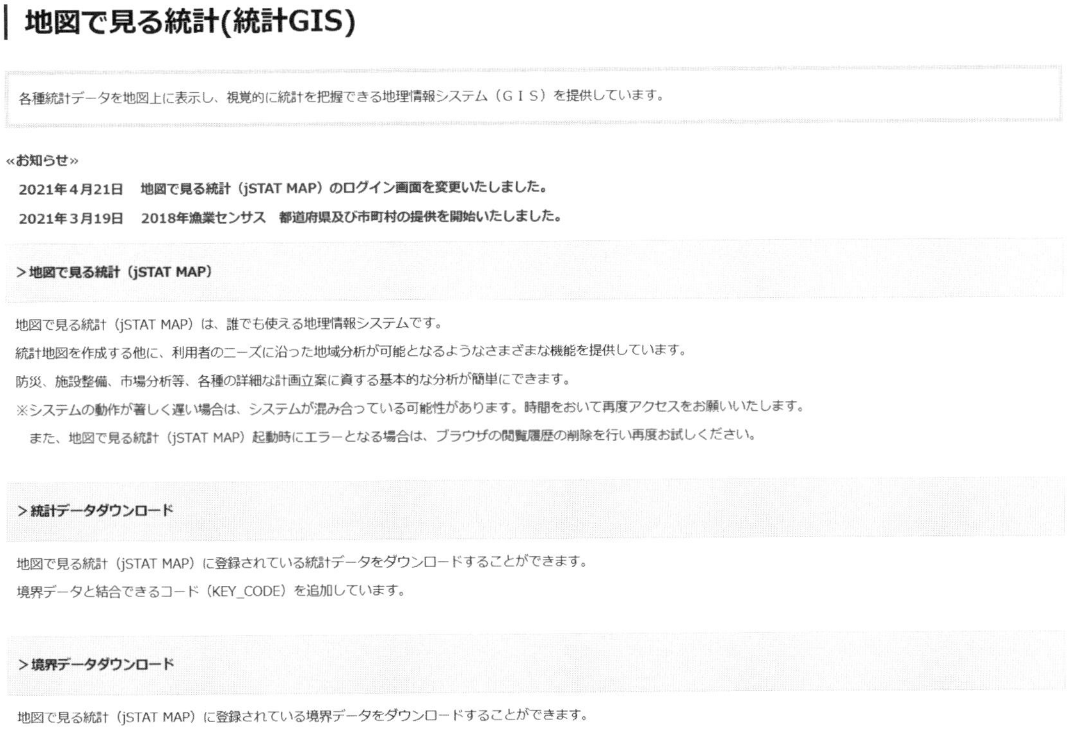

地図で見る統計(統計GIS)
各種統計データを地図上に表示し、視覚的に統計を把握できる地理情報システム（ＧＩＳ）を提供しています。
«お知らせ»
2021年4月21日　地図で見る統計（jSTAT MAP）のログイン画面を変更いたしました。
2021年3月19日　2018年漁業センサス　都道府県及び市町村の提供を開始いたしました。
＞地図で見る統計（jSTAT MAP）
地図で見る統計（jSTAT MAP）は、誰でも使える地理情報システムです。
統計地図を作成する他に、利用者のニーズに沿った地域分析が可能となるようなさまざまな機能を提供しています。
防災、施設整備、市場分析等、各種の詳細な計画立案に資する基本的な分析が簡単にできます。
※システムの動作が著しく遅い場合は、システムが混み合っている可能性があります。時間をおいて再度アクセスをお願いいたします。
また、地図で見る統計（jSTAT MAP）起動時にエラーとなる場合は、ブラウザの閲覧履歴の削除を行い再度お試しください。
＞統計データダウンロード
地図で見る統計（jSTAT MAP）に登録されている統計データをダウンロードすることができます。
境界データと結合できるコード（KEY_CODE）を追加しています。
＞境界データダウンロード
地図で見る統計（jSTAT MAP）に登録されている境界データをダウンロードすることができます。

図 9-3　地図で見る統計（統計 GIS より）

富山市統計
ファイル　ホーム　共有　表示
› 富山市統計
名前　更新日時　種類　サイズ
tblT000848C16.txt　2021/05/28 8:35　テキスト ドキュメント　187 KB
h27ka16201.shx　2021/05/28 8:34　SHX ファイル　12 KB
h27ka16201.dbf　2021/05/28 8:34　DBF ファイル　677 KB
h27ka16201.prj　2021/05/28 8:34　PRJ ファイル　1 KB
h27ka16201.shp　2021/05/28 8:34　SHP ファイル　1,690 KB

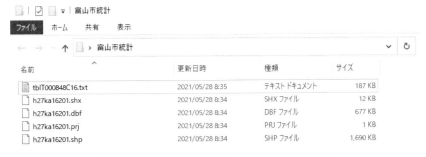

図 9-4　富山市の小地域統計データをまとめたフォルダ

「地図で見る統計（統計 GIS)」の画面に戻り，「境界データダウンロード」を選択すると，境界一覧が選択できる．ここで先ほどと同じように「小地域」を選択し,「国勢調査」の 2015 年の「小地域（町丁・字等別)」を選択し，「世界測地系緯度経度・shape 形式」を選択する．すると都道府県名があらわれるので，「16 富山県」を選択する．次に富山県内の市町村の単位の境界線データ一覧が示されるので，16201 富山市を選択してダウンロードする．ダウンロードしたデータは zip 形式で圧縮されている．任意の場所に「富山市統計」というフォルダを作成し, ダウンロードした zip ファイルを展開し, そのフォルダ内にあるファイルをすべて「富山市統計」というフォルダに移動させる（図 9-4)．次に MANDARA を立ち上げ，初期画面から「マップエディタ」を選び OK する．次に「地図データ取得」→「統計 GIS 国勢調査小地域データ」と進め，データフォルダを先には「富山市統計」を選択する．次に, 取得都道府県・市区町村に表示されている「h27ka15201.shp」が 2015 年の国勢調査富山市のデー

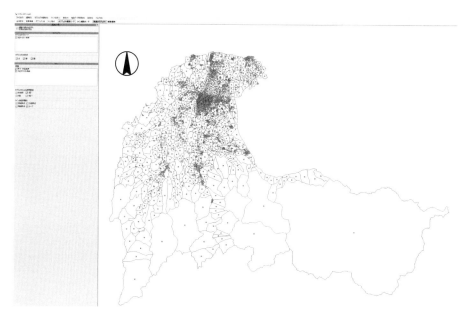

図 9-5　富山市の地図データ

| MAP | 富山市小地域統計 | | | | | |
|---|---|---|---|---|---|---|
| TITLE | 人口総数 | 男 | 女 | 世帯総数 | 面積 | 人口密度 |
| UNIT | 人 | 人 | 人 | 世帯 | km^2 | 人/km^2 |
| 富山市桜町1丁目 | 234 | 122 | 112 | 139 | 0.06106797 | 3831.795948 |
| 富山市桜町2丁目 | 31 | 14 | 17 | 14 | 0.02662336 | 1164.390971 |
| 富山市新桜町 | 266 | 136 | 130 | 134 | 0.07394525 | 3597.256078 |
| 富山市新総曲輪 | 0 | 0 | 0 | 0 | 0.07142811 | 0 |
| 富山市安住町 | 132 | 67 | 65 | 67 | 0.04688619 | 2815.327925 |
| 富山市本丸 | 3 | 3 | 0 | 3 | 0.07346103 | 40.83797899 |
| 富山市総曲輪1丁目 | 29 | 15 | 14 | 15 | 0.03358572 | 863.4622095 |
| 富山市総曲輪2丁目 | 67 | 32 | 35 | 35 | 0.04731486 | 1416.045614 |
| 富山市総曲輪3丁目 | 25 | 11 | 14 | 13 | 0.04050543 | 617.2011999 |
| 富山市総曲輪4丁目 | 278 | 121 | 157 | 131 | 0.04685432 | 5933.284273 |
| 富山市大手町 | 66 | 34 | 32 | 37 | 0.03385216 | 1949.654025 |
| 富山市西町 | 80 | 34 | 46 | 50 | 0.02923036 | 2736.880422 |
| 富山市一番町 | 159 | 77 | 82 | 65 | 0.02544961 | 6247.639944 |
| 富山市越前町 | 109 | 45 | 64 | 38 | 0.02255185 | 4833.306358 |
| 富山市丸の内1丁目 | 210 | 99 | 111 | 116 | 0.04270145 | 4917.865787 |
| 富山市丸の内2丁目 | 239 | 123 | 116 | 113 | 0.02939122 | 8131.680141 |
| 富山市丸の内3丁目 | 156 | 39 | 117 | 16 | 0.02064326 | 7556.945947 |
| 富山市明輪町 | 648 | 310 | 338 | 289 | 0.1539616 | 4208.841685 |
| 富山市新富町1丁目 | 33 | 18 | 15 | 17 | 0.03071222 | 1074.49087 |
| 富山市新富町2丁目 | 98 | 52 | 46 | 66 | 0.02181681 | 4491.949098 |
| 富山市宝町1丁目 | 193 | 105 | 88 | 113 | 0.04267944 | 4522.083701 |

図 9-6　富山市の小地域統計のデータ

タであるので，データをチェックし，属性データでは地図ファイル内の初期属性データに保存を選び，「ファイル変換」する．すると，富山市の小地域統計の地図が表示される（図 9-5）．地図が表示されたら地図データの保存をおこなう．「ファイル」→「地図ファイル保存」とし，「富山市小地域統計」と名前を付けて保存する．統計データは「オブジェクト編集」→「初期属性データ」で表示できる．ここで，人口密度を計算するための面積を取得するため，「取得」にある「面積」のボタンを押す．データの一番後ろに面積が追加されていることが確認できる．このデータを加工するため，すべてを選択してコピーし，EXCEL などの表計算ソフトへ貼り付ける．さらにタグを付けたり，必要なデータを形成したり，人口を面積で除して人口密度を計算させ，表を完成させる（図 9-6）[9]．

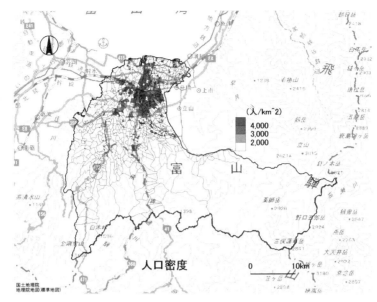

図 9-7　富山市の人口密度の階級区分図 （国勢調査 2010 年）

　では次に統計地図を表示する．作成した表をコピーし，MANDARA から「ファイル」→「クリップボードからデータの読み込み」として，データを読ませると，作成した表がデータとして読み込まれる．データ項目で人口密度を選択し，表示すると階級区分が不適切なため，はっきりとしない地図になる．人口集中地区（DID）の人口密度指標の 1 つの 4000 人 /km$^2$ を参考の値として 1000 人 /km$^2$ ごとで，階級区分をして表示してみる．また，背景図に地理院地図などが利用できるので，表示された地図のメニューから「表示」→「背景画像設定」とし，「背景画像を表示」にチェックを入れる．国土地理院地図タイルマップサービスを選択して，地図を表示すると背景に地理院地図が表示される．透過度を適切に設定すると，人口密度と地理院地図を重ね合わせて確認できる（図 9-7）．この地図を見ると，富山市は薄く広く市街地が広がっていることがわかる．薄く広い市街地があり，道路延長が長くなる．雪国であるにも関わらず道路延長が長いため，除雪の財政負担が非常に大きい．このことがコンパクトなまちづくりへと舵を切った要因の 1 つであることが地図から推測することができる．

　同じ手続きで全国の市町村の国勢調査の小地域統計を可視化できる．また，他にも国勢調査結果をさまざまに利用できるので，学校の立地する自治体の人口分布を示すような地図を作ってみてもらいたい．

## 3. RESAS のデータを用いた統計地図作成

　RESAS（地域経済分析システム）は，まち・ひと・しごと創生本部が提供する地域経済についての分析をおこなうシステムである[10]．地方自治体が地域版総合戦略を構築するために客観的なデータを可視化するシステムである．地域再生や活性化の施策をそれぞれの地域で検討できるように考えられており，「人口マップ」，「地域経済循環マップ」，「消費マップ」，「まちづくりマップ」，などで構成されている．これらのデータをブラウザ上の地図に表示することもでき，一種の WebGIS と考えられなくはない．また，表示したデータはダウンロードも可能であり，一定の加工を施して，

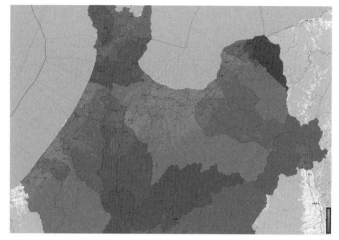

図 9-8　富山県の市町村の人口減少率のデータ（RESAS より）

| | A | B | C | D |
|---|---|---|---|---|
| 1 | MAP | 日本市町村 | | |
| 2 | TIME | 2020 | 10 | 1 |
| 3 | TITLE | 2020年人口増減率 | 2040年人口増減率 | |
| 4 | UNIT | % | % | |
| 5 | 富山県富山市 | -0.0125 | -0.0336 | |
| 6 | 富山県高岡市 | -0.0282 | -0.0537 | |
| 7 | 富山県魚津市 | -0.0491 | -0.0748 | |
| 8 | 富山県氷見市 | -0.0784 | -0.109 | |
| 9 | 富山県滑川市 | -0.0374 | -0.0588 | |
| 10 | 富山県黒部市 | -0.0242 | -0.0453 | |
| 11 | 富山県砺波市 | -0.0129 | -0.0346 | |
| 12 | 富山県小矢部市 | -0.0529 | -0.0792 | |
| 13 | 富山県南砺市 | -0.0643 | -0.0823 | |
| 14 | 富山県射水市 | -0.0229 | -0.0472 | |
| 15 | 富山県舟橋村 | -0.0067 | -0.0252 | |
| 16 | 富山県上市町 | -0.0574 | -0.0884 | |
| 17 | 富山県立山町 | -0.0518 | -0.0771 | |
| 18 | 富山県入善町 | -0.0732 | -0.107 | |
| 19 | 富山県朝日町 | -0.1112 | -0.1519 | |
| 20 | 石川県金沢市 | 0.004 | -0.0233 | |
| 21 | 石川県七尾市 | -0.0533 | -0.0758 | |
| 22 | 石川県小松市 | -0.0203 | -0.0399 | |
| 23 | 石川県輪島市 | -0.1136 | -0.1343 | |
| 24 | 石川県珠洲市 | -0.1177 | -0.1486 | |
| 25 | 石川県加賀市 | -0.0709 | -0.1016 | |
| 26 | 石川県羽咋市 | -0.0633 | -0.0963 | |
| 27 | 石川県かほく市 | -0.0184 | -0.0387 | |
| 28 | 石川県白山市 | -0.0167 | -0.0426 | |
| 29 | 石川県能美市 | -0.0015 | -0.0259 | |
| 30 | 石川県野々市市 | 0.0535 | -0.0021 | |
| 31 | 石川県川北町 | 0.0117 | -0.0086 | |
| 32 | 石川県津幡町 | -0.0087 | -0.0325 | |
| 33 | 石川県内灘町 | -0.0021 | -0.0261 | |
| 34 | 石川県志賀町 | -0.0837 | -0.1195 | |
| 35 | 石川県宝達志水町 | -0.0863 | -0.1215 | |
| 36 | 石川県中能登町 | -0.0584 | -0.084 | |
| 37 | 石川県穴水町 | -0.1121 | -0.1496 | |
| 38 | 石川県能登町 | -0.115 | -0.1507 | |
| 39 | 福井県福井市 | -0.0071 | -0.0287 | |
| 40 | 福井県敦賀市 | -0.0303 | -0.0504 | |
| 41 | 福井県小浜市 | -0.056 | -0.0694 | |
| 42 | 福井県大野市 | -0.0689 | -0.0913 | |
| 43 | 福井県勝山市 | -0.0558 | -0.0792 | |
| 44 | 福井県鯖江市 | 0.0056 | -0.0206 | |
| 45 | 福井県あわら市 | -0.0503 | -0.0724 | |
| 46 | 福井県越前市 | -0.0473 | -0.0678 | |
| 47 | 福井県坂井市 | -0.0251 | -0.0455 | |
| 48 | 福井県永平寺町 | -0.0416 | -0.0583 | |
| 49 | 福井県池田町 | -0.1266 | -0.1333 | |
| 50 | 福井県南越前町 | -0.074 | -0.0941 | |
| 51 | 福井県越前町 | -0.0764 | -0.1025 | |
| 52 | 福井県美浜町 | -0.0692 | -0.0899 | |
| 53 | 福井県高浜町 | -0.0518 | -0.0724 | |
| 54 | 福井県おおい町 | -0.0781 | -0.093 | |
| 55 | 福井県若狭町 | -0.0538 | -0.0669 | |
| 56 | | | | |

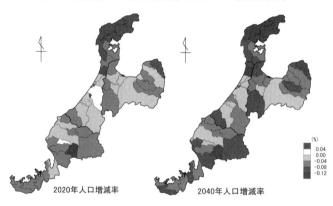

2020年人口増減率　　　　　2040年人口増減率

(%)
0.04
0.00
-0.04
-0.08
-0.12

図 9-9　北陸 3 県の人口減少率のデータ

図 9-10　北陸 3 県の人口減少率の階級区分図

MANDARA などの GIS で可視化できる.

　ここでは人口マップの中にある人口データをダウンロードし，富山県，石川県，福井県の将来の人口増減について可視化する[11]．まず，RESAS の「メインメニュー」から「人口マップ」→「人口増減」を選択する．次に，表示する場所に「富山県」を指定し，「表示レベルを指定する」を市区町村単位とし，2015 年のデータを指定し，「ヒートマップ読み込み」で「透過率 50%」とすると，図 9-8 の画面があらわれる．表示年を次々切り替えれば，2045 年までの人口増減率を RESAS 上で示すことができるが，階級区分を調整したり，複数の都道府県のものをまとめたりして示したい場合，データをダウンロードして GIS で表示する方がよい．ダウンロードするためにはグラフ表示をしたのち，データをダウンロードすると，人口に関するデータがダウンロードできる．ダウンロードした圧縮ファイルを開くと，「02_ 人口増減」のフォルダ内に「人口 _ 人口増減 _ 人口増減 _ 市区町村 .csv」というファイルがみつかる．このファイルには 1985 年からの人口データと将来の人口推計データの増減率が示されている．「総人口」には 5 年前と比較した人口増減率が記載されている．2000 年と 2040 年の富山県，石川県，福井県の市町村別の人口総数の増減率のデータを取り出す（図 9-9）．この表を MANDARA で読み込むには「日本市町村 .MPF」という MANDARA にすでに用意されている地図を用いる．こ

の地図には合併による市町村の境界線の変更が記載されている．いつの時点の市町村界を用いるのか指定する必要があり，「TIME」というタグで年を指定する必要がある．今回は 2020 年 10 月 1 日現在の境界線を利用する．図 9-9 からわかると思うが，TIME のタグのある行では B 列に 2020 年を表す「2020」C 列には 10 月を表す「10」，D 列には 1 日を表す「1」を記入した．この地図の上に作成した表をクリップボード経由で読み込ませる．そして 2000 年と 2040 年を比較する（図 9-10）．2040 年には人口が減少していない自治体はないと推定され，人口が減る中，どのような地域政策を行っていくべきか考えるきっかけになる．今回取り上げなかった年少人口や女性人口などを活用しながら議論することも可能である．

## 4．おわりに

　本稿では，統計地図を作成することに特化した GIS ソフトである MANDARA を用いて，都道府県の統計や国勢調査小地域統計を可視化したり，RESAS で得られた将来人口のデータを加工したりして MANDARA で可視化する手続きを示した．現在では統計データが容易にダウンロードでき，フリーソフトや Web のサービスがある．これらを利用して，地域に関する統計を GIS で可視化して生徒に示すことも容易になった．学校の所在地を中心にしてデータを整理して自分なりの教材を作ることができる夢のような時代になったといえる．

　GIS の利用といっても，地理行列と地図データを取り扱うという地理学のきわめて基本的なことが理解されていて，日常的に表計算ソフトを利用していれば，MANDARA のようなソフトウエアはそれほど困難なく利用できるのではないだろうか．また，GIS の仕組みやその有用性についても示すことができるだろう．これらのソフトウエアの利用方法の解説は Web 上を検索すると容易に見つけることができる．授業中，生徒に GIS を操作させる時間を取るのは難しいが，興味のある生徒に使い方の説明がある Web などを知らせ，自分で取り組んでもらうなどの活動もできるかもしれない[12]．

　教室で GIS を生徒に使わせる環境を構築するにはまだまだ時間がかかるかもしれないが，教師が GIS の使い方を教室で見せることはそれほど難しくない．是非とも多くの先生に取り組んでもらいたい．

（大西宏治）

［注］
(1) 幼稚園，小学校，中学校，高等学校及び特別支援学校の学習指導要領等の改善及び必要な方策等について（答申）別添資料
　　http://www.mext.go.jp/component/b_menu/shingi/toushin/__icsFiles/afieldfile/2017/01/10/1380902_3_1.pdf（2017 年 6 月 8 日アクセス）
(2) 名古屋大学を会場として 2017 年 1 月 21 日に高校の先生向けの地理総合の勉強会が行われたが，そこでの教員からの質問やコメントからそのように感じた．
(3) 今回使用する MANDARA は ver10 である．Windows の OS のインストールされた PC で利用できる．
　　https://ktgis.net/mandara/（2021 年 5 月 27 日アクセス）
(4)（3）の Web ページを参照．
(5) MANDARA の ver10 に付属する JAPAN.mpfz では，「富山」と書いてあっても富山県を選択してくれるように改善され，以前のバージョンとは異なる仕様になった．
(6) ここで用いたものは，矢野恒太郎記念会編（2015）:『日本国勢図会 2018/19』矢野恒太郎記念会，である．

コロナ禍における学習支援として電子版のバックナンバーが無償公開されているため，活用した．

https://yanotsuneta-kinenkai.jp/databook/gakusyushien.html（2021 年 5 月 27 日アクセス）

（7）地理行列とは，行に地域（この場合は都道府県），列に属性データが並ぶ行列のことである．

（8）https://www.e-stat.go.jp/gis/（2021 年 5 月 27 日アクセス）

（9）MANDARA の属性データからエクセルにコピーしたのち，B 列〜 AL 列は不要になるため，削除して作業をすると，図 9-6 ができあがる．

（10）https://resas.go.jp/（2021 年 5 月 27 日アクセス）

（11）静岡県の公立高校の教員である伊藤智章先生が同じような取り組みを行っている．

http://itochiriback.seesaa.net/article/433192666.html（2021 年 5 月 27 日アクセス）

（12）今回紹介した MANDARA については，Web ブラウザ上で動作する MANDARA JS の開発が進んでいる．ソフトウエアのインストールの必要なく，タブレットなどでも容易に統計地図が作成できるようになるものと推測される．

MANDARA JS web 試作版

https://ktgis.net/mdrjs/index.html（2021 年 5 月 29 日アクセス）

# 第10章　メッシュデータを用いた将来予測人口の推移分析

## はじめに

　人口減少，少子化・高齢化と，現在日本では人口に関する話題に事欠かない．一方，世界に目を向けると人口爆発に加えて，多くの人々が十分な飲み水，食料，教育などが得られない厳しい現状がある．それらの課題に一人一人が向き合おうと SDGs（Sustainable Development Goals）の実現に向けた取り組みがなされている．その手始めとして人口の把握は，人の暮らしがそこにあることを示す指標の1つであり，基本的かつ重要な統計指標と言える．日本においては，5年ごとの国勢調査で国内居住者を対象に，また地方自治体においては月ごとに住民基本台帳の登録人口を取りまとめている．さらに将来人口については，国立社会保障・人口問題研究所が国勢調査の結果に基づいた推計結果「将来推計人口・世帯数」を公開している．

　本章では，オープンソースで無償で利用できる GIS ソフトを利用して，茨城県内における人口分布と，将来の人口推移を分析する．現在から将来にわたる全県的な人口分布の傾向を把握した上で，さらに対象地域をつくば市に絞り込むことで，県内における対象地域の「相対的な位置づけ」を意識しながら，対象地域の特徴を見出すように促すことを狙いとしている．時間的・空間的にスケーラブルに思考を巡らせながら，将来の我が町について生徒同士が議論し合う契機になればと思う．

　使用する GIS ソフトは，QGIS（version 3.18.0.）であり，500 m メッシュの人口推計データを用いて 2015 年と 2050 年（推計値）の人口を用いて人口変化率を算出分布を比較する．考察の際にヒントとなる下図（いわゆる一般図）としてオープンストリートマップ（OSM, OpenStreetMap）を利用し，メッシュマップと重ね合わせる方法を示す．末尾に地図を印刷する際の注意点をまとめる．

　もし生徒が個別に GIS を操作することが難しければ，教師の PC 操作画面を共有したり，現状の人口分布と将来推計分布を印刷したものや画面上で比較したりすることで対応できると想定している．さらに教師による PC 操作も難しい状態であれば，無料で Web 公開されている地域経済分析システム（略称:RESAS（リーサス））にて「メインメニュー＞人口マップ＞人口メッシュ，および将来人口メッシュ」を選択・表示することで，メッシュマップの表示は可能であるので，教室の設備に応じた方法を選択頂ければ幸いである．以降は，QGIS を用いた操作手順を示す．

## 1.　データの準備

　まず，インターネットサイト「国土交通省・国土数値情報」から人口推計メッシュ（shp ファイル）

を取得する．データは都道府県ごとに選択可能であり，ここでは「茨城県」を選択する．データについては，定義書・仕様書を参照すると各項目の詳細を知ることができる．ここでは，2015 年（国勢調査の結果）と将来推計値・2050 年に相当する「PTN_2015」「PTN_2050」を利用する．今後の実習を進める上で，PC 上に実習用フォルダを作成し，そこにダウンロードしたシェープファイルやこれから作成する地図などをまとめて保存するようにすると後から作業を振り返る際に整理が容易となる．一例を次に示す．

　実習用フォルダ：D:\GIS 教材 \ 実習

　ファイルの保存先：D:\GIS 教材 \ 実習 \500m_mesh_suikei_2018_shape_08

　ダウンロードしたファイルは全部で 4 つあり，ファイル名の末尾が .dbf，.prj，.shp，.shx という 4 種類の（拡張子の）ファイルを確認できれば完了である．この形式はシェープファイルと呼ばれ，これら 4 つで 1 つの GIS データとみなされるため，データをコピーする際は 4 つすべてを選択する必要がある．

---

・国土数値情報ダウンロードサイトにアクセス→スクロールダウン（画面の下の方へ）→ 5．各種統計→「500 m メッシュ別将来推計人口（H30 国政局推計）（shape 形式版）」を選択→「茨城県」を選択→ ■■ をクリック→データのダウンロード→「500m_mesh_suikei…zip」を展開→ファイルの展開先を指定→展開→展開されたファイルの確認→データ準備完了．

---

## 2．QGIS の操作

・地図表示

　まずダウンロードした茨城県のシェープファイルを地図として以下の手順で表示する．

---

・QGIS を起動→メインメニューの「レイヤ」→「レイヤを追加」→「ベクタレイヤを追加」．

・<データソースマネージャ | ベクタ>ウィンドウが開いたら→「ソースタイプ」は【ファイル】，「文字コード」は【Shift_JIS】，「ソース」の「ベクタデータセット」は「…」ボタンを押す．<OGR がサポートするベクタデータセットを開く>ウィンドウが開いたら，ダウンロードした「shp」ファイルを選択し，【開く】を押す．→<データソースマネージャ | ベクタ>ウィンドウに戻り，「ソース」の「ベクタデータセット」に選択した shp ファイルが登録されていれば，ウィンドウ右下の【追加】を押す．

---

　メッシュデータを表示させると，違和感を覚える読者もいるかもしれない．今回使用するデータでは，霞ケ浦湖上や筑波山山頂など，人口がないつまり，無人メッシュはそもそもメッシュデータから外されている．講義時間に余裕があれば，メッシュが存在しない場所がどのような場所かを生徒間で議論することも可能だろう．

・色の調整，一般図との重ね合わせ

　メッシュデータが表示されたら，茨城県における人口分布を確認するため，2015 年時点の人口値

に応じて色を分ける（階級区分図の作成）．それにより，人口集中メッシュが局所的に存在することがわかる．さらに理解を深めるために，メッシュデータの下に OSM を重ねて，地名や道路，鉄道といった交通網と人口分布について考察してみよう．通勤・通学など人々の行動圏との関係性を推察する材料となる．2 つのレイヤを（上下に）重ね合わせて表示するため，上のレイヤの透過率を地名が確認できる程度に設定する（ここでは目安として 50% を例示）．

---

- レイヤ「500m mesh 2018 08」を右クリック→プロパティ→＜レイヤプロパティ＞ウィンドウを開く＞元々は「単一定義（single）」を「連続値による定義（graduated）」に変更→「値」【PTN_2015】を選択→シンボル＞塗りつぶし：シンプル塗りつぶし＞ストロークスタイル【ペンなし】→【OK】→「分類数」タブを選択→「モード」【自然分類（Jenks）】→【OK】．
- 「ブラウザ」の「XYZ Tiles」を選択・右クリック→＜XYZ 接続＞ウィンドウが開いたら→「名前」は【OSM】，「URL」【https://tile.openstreetmap.org/{z}/{x}/{y}.png】，と入力して【OK】を押す．→「ブラウザ」の「XYZ Tiles」に「OSM」が追加・ダブルクリック→「レイヤ」に追加→「OSM」がレイヤの上位に表示→「OSM」をメッシュマップの下に移動．
- レイヤ「500m mesh 2018 08」を右クリック→プロパティ→＜レイヤプロパティ＞ウィンドウを開く＞ウィンドウ下部「レイヤレンダリング」＞不透明度：50%→【OK】．

---

・2015 年人口と 2050 年の将来予測人口の比較

　将来予測人口を用いて将来の人口変動率（%）を式を用いて算出する（図 10-1）．$x_1$ は 2015 年の人口，$x_2$ は 2050 年の将来予測人口を意味する．日本は人口減少に転じたと言われるが，対象地域では今後どの程度の人口変動が起こり得るのか可能性を探ってみよう．

$$人口変動率 = \{ (x_2 - x_1) / x_1 \} * 100 \, (\%)$$

　前述した 2015 年時点の無人メッシュが計算対象に含まれないため，人口変動率を算出する際，分母がゼロにならないため計算式がエラーとならずに済む．

---

- レイヤ「tsukuba_500m_2050」を右クリック→「属性テーブルを開く」→メッセージボックス「属性テーブルの読み込み」→【属性テーブル】ウィンドウ→【属性テーブル】ウィンドウ→「フィールド計算機を開く」→「新しいフィールドを作る」を選択，「フィールド名」に【変化率】を入力，「フィールド型」に【小数点付き数値（real）】を選択，「フィールド長さ」を 5，「精度」を 3 とする．＜式＞タブ右側にある「フィールドと値」から【”PTN_2015”】【”PTN_2050”】を選択して，次の数式を入力し，【OK】ボタンを押す．
  式：( (【”PTN_2050”】- 【”PTN_2015”】) / 【”PTN_2015”】) * 100
- 【属性テーブル】ウィンドウに戻り「編集モード切替」ボタンを押す→「編集を終了」→「保存」ボタンを押す．
- レイヤプロパティ→シンボロジ→「ヒストグラム」タブ，「値の読み込み」ボタン→ヒストグラム（頻度分布図）を確認．

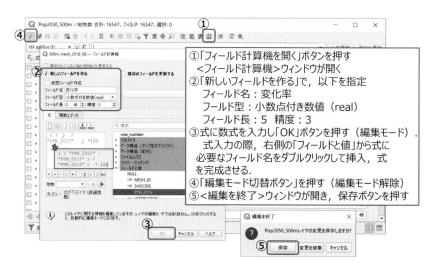

①「フィールド計算機を開く」ボタンを押す
　＜フィールド計算機＞ウィンドウが開く
②「新しいフィールドを作る」で，以下を指定
　　フィールド名：変化率
　　フィールド型：小数点付き数値（real）
　　フィールド長：5　精度：3
③式に数式を入力し「OK」ボタンを押す（編集モード）．
　式入力の際，右側の「フィールドと値」から式に
　必要なフィールド名をダブルクリックして挿入，式
　を完成させる．
④「編集モード切替ボタン」を押す（編集モード解除）
⑤＜編集を終了＞ウィンドウが開き，保存ボタンを押す

図 10-1　フィールド計算の手順

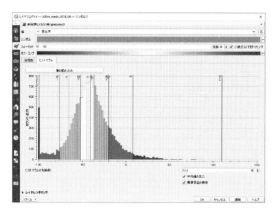
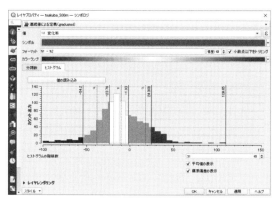

図 10-2　人口変化率のヒストグラムの比較（左：茨城県，右：つくば市）

\*【属性テーブル】ウィンドウ→「フィールド計算機を開く」と「編集モード」状態にするようメッセージが出るので「OK」ボタンを押して計算式を実行する．そのため計算後は「編集モード切替」ボタンを押し，編集内容を保存するかどうかを選び，編集モードを解除する（図 10-1 ④）．

　計算が終わったら「シンボロジ」で値の分布を確認しよう．変化率が「-100」付近の値を取るメッシュが少なくない（図 10-2 左）．「-100」とは何を意味するのだろうか？　変化率の式を参照すると，分子の $x_2$ がゼロの場合がそれに該当する．つまり，2050 年の将来推計人口が限りなくゼロに近い値を取るメッシュの存在を示している．またヒストグラムの中央値もゼロよりもマイナス寄りである．「変化率 =0」が現状維持であるため，変化率がマイナスということは人口減少を意味する．一方で，プラスとなるメッシュも無いわけではない．2050 年には日本の総人口が 1 億人程度に減少するとされており，茨城県で将来的に人口が大幅に減少するメッシュが見受けれられる．どこで人口減少や人口が維持されると予測されるのか考えてみよう．

・つくば市の抽出・ファイルの保存

　県全域における人口の多い箇所やその位置関係を確認したら，つくば市のメッシュを抽出し，つくば市のみのレイヤを作成する．そうすることによって，つくば市内の人口値に応じた階級区分を決め

ることができる．今回は，メッシュデータの属性の「SHICODE」という自治体コードを示すフィールドの値（つくば市は 8220）を利用してつくば市の範囲のメッシュを選択する．

　ファイルを保存したら「レイヤ」の「プロパティ」から「ヒストグラム」を確認し，階級区分を調整しよう．茨城県とつくば市では，対象となるメッシュ数の違いはもとより，ヒストグラムの形状にどのような相違点があるのか，またなぜそのような差異が生じるのか考察するとよいだろう（図 10-2）．

---

- レイヤ「500m mesh 2018 08」を右クリック→「属性テーブルを開く」→「式による地物選択」→＜式による地物選択＞ウィンドウ→「式」タブ→左に検索条件を入力：中央の枠「フィールドと値」を開く→「SHICODE」を選択→【" SHICODE"】が入力→イコールボタンを押して「=」が入力→右側中央の「全てのユニーク」を押下→フィールドに該当する属性値一覧が表示→つくば市に相当する【8220】を選択→「式」に "SHICODE" = 8220 と入力される→「地物を選択」→「閉じる」→つくば市に相当するメッシュが黄色で表示（選択完了）．
- レイヤ「500m mesh 2018 08」を右クリック→「エクスポート」→「新しいファイル名で選択地物を保存」→＜ベクタレイヤを名前を付けて保存＞ウィンドウ→ファイル名：「…」→実習用のフォルダに移動→ファイル名に「tsukuba_500m.shp」と入力して「OK」．

---

\* 検索条件は，直接入力することもできる．もし直接入力した場合に，エラーが発生した場合は，検索条件の入力時に不要なスペースや半角・全角の違いなどが原因として考えられる．これらは検索条件の不一致を生じさせる「見えない罠」となることが多い．

・地図の出力・作業状態の保存

　作成した地図を PDF や画像ファイルとして出力する作図の手順を以下に示す．留意点として，イラストではなく「地図」を出力するため，必ず「縮尺記号」「方位記号」「凡例」を表示すること，また OSM を利用する場合は「ラベルの追加」で著作権を表示することが挙げられる．

　最後に現在の作業状態を保存したい場合は，ツールバー「プロジェクト」→「ファイルに保存」または「名前を付けてプロジェクトを保存」をすれば，次回 QGIS を起動時に，保存したプロジェクトファイルを開くと，プロジェクトファイルを保存した状態から作業を再開できる．

---

- ツールバー「プロジェクト」→「レイアウトマネージャ」をクリック→＜レイアウトマネジャ＞ウィンドウ→「作成」ボタンを押して，「印刷レイアウトのタイトル作成」で「つくば市の人口変動率」と入力し「OK」→＜レイアウト＞ウィンドウが開く．
- ＜レイアウト＞ウィンドウの左側のアイコン，または上端のツールバー「追加」から「新しい地図の追加」→十字キーが表示され，地図の表示範囲を選択→地図が表示．
- ツールバー「追加」→「凡例を追加」→十字キーが表示され，凡例の表示範囲を選択→凡例が表示される→＜アイテムプロパティ＞タブの選択→凡例アイテム→「自動更新」を選択解除し，凡例に表示させるアイテムを選択．

## 3．まとめ

　本章では，近年データ整備が進められている「500 m メッシュ」データを用いた人口分布の事例を取り上げた．対象地域が県単位の広さであれば，従来の 1 km メッシュでも十分考察に耐えうるが，任意の市区町村を対象とする場合は物足りなさを感じえない．そこで，人口集中地区とそれ以外のコントラストが示しやすくなるよう，本章では 500 m メッシュを採用した．

　データを扱う PC 等の性能の向上，データの流通に欠かせないインターネット回線の高速化など，情報通信技術の向上とともに高精細な地理空間情報に対する需要の高まりも，このような空間解像度の高精細化を後押ししているものと考えられる．

　ただ，標準地域メッシュ（いわゆる 1 km メッシュ）は，整備の歴史が長く過去の年次との比較や他の項目と重ね合わせがしやすいという利点があることも事実である．日本では，人口・世帯に加えて，事業所数や土地利用，標高値，降水量など多くの統計情報がメッシュデータ形式で整備・公開されている．なぜなら，メッシュデータは，自然条件や人文条件を複合的に分析する地理学的なアプローチへの親和性が高く，データ間の関係性の分析に活用できるからだ．本章の内容を契機に，生徒がさまざまなメッシュデータを活用して防災や SGDs に関する課題に繋げることを期待している．以降は，興味に応じて，適切な地理空間情報を収集・活用いただければ幸いである．　　　　　　　　　（秋山千亜紀）

[参考文献・関連 Web サイト]
(1) 浮田典良・森　三紀（2004）：『地図表現ガイドブック－主題図作成の原理と応用－』ナカニシヤ出版，152p.
(2) OSM「著作権とライセンス」
　　https://www.openstreetmap.org/copyright
(3) QGIS「ダウンロードサイト」
　　https://qgis.org/ja/site/forusers/download.html
(4) 国土交通省「国土数値情報」
　　https://nlftp.mlit.go.jp/ksj/index.html
(5) 国立社会保障・人口問題研究所「将来推計人口・世帯数」
　　http://www.ipss.go.jp/syoushika/tohkei/Mainmenu.asp
(6) 地域経済分析システム（略称：RESAS）
　　https://resas.go.jp/#/8/08220

# 第 11 章　集落データを利用した農村地域の実態把握

## はじめに

　日本の農村地域は，都市への人口流出が続き，過疎化や高齢化をはじめ，耕作放棄地の拡大，鳥獣害，空き家の増加など多様な問題を抱えている．一方で，近年は若者を中心に大都市から農村地域に移住する田園回帰や，大都市に居住しながらも農村地域の維持に寄与しようとする関係人口などに注目が集まっている．このような農村地域の実態を把握し，地図化をおこなうためには GIS の活用が望まれる．だが，人口密度が高い都市地域と比較すると，提供されるデータも少ないため，農村地域を対象として GIS を用いた教材作成や授業実践が多いとはいいがたい [1].

　本章では，国勢調査（小地域集計）と農林業センサスデータを活用して，高校地理における GIS 教材の作成方法を紹介する．具体的には，無料で提供されている MANDARA10 を用いて，地図化する手法を提示する．

　ところで，統計データの集計単位は市町村単位や合併前の旧市町村単位が中心であり，小学校区・公民館区などを基本とする地区単位や，集落単位で集計されたデータを目にすることは少ない．ここで紹介する国勢調査（小地域集計）や農林業センサスを用いれば，町丁字別や農業集落単位の地図化が可能となり，身近な地域の実態を把握することができる．本章では，集落レベルで得られる小地域の統計データを集落データと総称する．

　なお，本章で示す事例は，教師による教材作成はもちろんのこと，生徒自らが解析できるレベルであると考える．

## 1．国勢調査（小地域集計）の地図化

　ここでは事例として，2015 年国勢調査（小地域集計）を用いて，奈良県吉野郡吉野町の人口や世帯の分布を地図化する手法を提示する．

### 1.1　データのダウンロード

　地図の作成には，「統計データ」と「境界データ」の 2 種類のデータが必要である．まず，「e-Stat 政府統計の総合窓口」にアクセスし，「統計データを活用する」から「地図：地図上に統計データを表示（統計 GIS）」をクリックする．次に「統計データダウンロード」をクリックし，「政府統計名」から「国勢調査」を選択し，必要とする調査年を選択する．ここでは「2015 年」を指定した後，「小

地域（町丁・字等別）を選択する．続いて「男女別人口総数及び世帯総数」を選択すると県別にデータが提示されるので，事例として取り上げる「29 奈良県」の「CSV」を選択する．ダウンロードされた CSV データを任意のフォルダに格納する．

次に，ブラウザの左側に提示されている「境界データ」をクリックする．すると，「境界一覧」が提示されるので，「小地域」を選択する．続いて，データをダウンロードした場合と同様に，「国勢調査」「2015 年」を選択し，最終的に「小地域（町丁・字等別）（JGD2000）」を選択する．すると「データ形式一覧」で 5 種類のデータ形式が提示されるため，GIS で用いる規格や形式に応じてダウンロードする必要がある．ここでは「世界測地系緯度経度・Shapefile」をクリックする．その後，必要とする地域を選択するため，「奈良県」の「29441 吉野郡吉野町」をダウンロードする．なお，ダウンロードした「境界データ」と「統計データ」は同じフォルダに格納しておく必要がある．また，ダウンロードした「境界データ」は「.dbf」「.prj」「.shp」「.shx」の合計 4 ファイルあり，いずれも保存しておく必要がある．

## 1.2　地図データの編集

MANDARA を起動し，トップページから「マップエディタ」を選択する．次に，「地図データ取得（M）」から，「統計 GIS 国勢調査小地域データ」を選択し，1.1 で保存したフォルダから吉野町の「境界データ」を選択する．すると，「取得都道府県・市区町村」の欄に該当する「.shp」のデータが表示されるのでチェック（☑）を入れ，「属性データ」は「地図ファイル中の初期属性データに保存」をクリックして「OK」を押すと，吉野町の町丁字別地図が表示される．

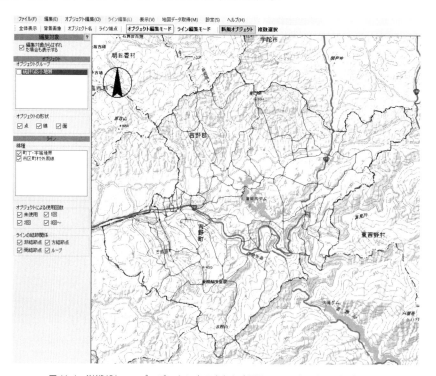

図 11-1　MANDARA マップエディタに表示された吉野町の町丁字別地図（筆者作成）

　次に，マップエディタの上部メニュー「表示（V）」から「背景画像表示（B）」から「国土地理院地図」と「地理院地図（標準地図）」を選択し，「OK」を押すと，図 11-1 のように背景地図を有した町丁字別の地図が表示される.

　また，MANDARA10 からは初期属性に時間情報を設定することができるようになったが，ここでは最も単純なスタイルでおこなうために，時空間モードを使用しないように作業を行っておく. 具体的には，マップエディタの「編集（E）」から「時空間モード（T）」のチェックをはずしておく.

　最後に，マップエディタの「ファイル」から「名前を付けて地図ファイル保存（A）」を選択し，あらかじめ設定したフォルダに名前をつけて保存する. ここでは「吉野町（国勢調査小地域）」として保存する.

## 1.3　属性データの編集

　MANDARA のマップエディタにおいて，「編集（E）」から「オブジェクト編集（O）」にチェックが入っていることを確認し，「オブジェクト編集（O）」から「初期属性データの編集（E）」を選択すると，地図データに付随する属性データが表形式で提示される. この画面で属性データを編集することも可能であり，表頭のカテゴリーを見極めて不要な項目は削除しても構わない. 以下では EXCEL を用いて編集するため，「初期属性データ」をすべてコピーし，EXCEL シートの A4 セルをクリックして貼り付ける.

　ここからは，MANDARA の一般的な使用方法に従って属性データを編集する. まず，EXCEL のシート上で不要な部分を削除し，A1 セルに MANDARA タグである「MAP」と記入し，B1 セルに使用する MANDARA の地図データ名を記す. 具体的には，1.2 で作成した，「吉野町（国勢調査小地域）」と書き込む（図 11-2）. A2 セルには MANDARA タグである「TITLE」と記し，データの属性項目を

| | A | B | C | D | E |
|---|---|---|---|---|---|
| 1 | MAP | 吉野町（国勢調査小地域） | | | |
| 2 | TITLE | 人口総数 | 世帯数 | 1世帯あたり人口 | |
| 3 | UNIT | 人 | 世帯 | 人 | |
| 4 | 吉野郡吉野町大字上市字尾仁山 | 272 | 115 | 2.4 | |
| 5 | 吉野郡吉野町大字上市字六軒町 | 84 | 42 | 2.0 | |
| 6 | 吉野郡吉野町大字上市字本町 | 75 | 38 | 2.0 | |
| 7 | 吉野郡吉野町大字上市字横町 | 61 | 27 | 2.3 | |
| 8 | 吉野郡吉野町大字上市字上ノ町 | 127 | 59 | 2.2 | |
| 9 | 吉野郡吉野町大字立野字轟 | 130 | 51 | 2.5 | |
| 10 | 吉野郡吉野町大字立野 | 110 | 48 | 2.3 | |
| 11 | 吉野郡吉野町大字峰寺 | 87 | 41 | 2.1 | |
| 12 | 吉野郡吉野町大字河原屋 | 224 | 88 | 2.5 | |
| 13 | 吉野郡吉野町大字楢井 | 330 | 87 | 3.8 | |
| 14 | 吉野郡吉野町大字菜摘 | 104 | 45 | 2.3 | |
| 15 | 吉野郡吉野町大字宮滝 | 135 | 62 | 2.2 | |
| 16 | 吉野郡吉野町大字御園 | 136 | 50 | 2.7 | |
| 17 | 吉野郡吉野町大字喜佐谷 | 70 | 26 | 2.7 | |
| 18 | 吉野郡吉野町大字樫尾 | 103 | 45 | 2.3 | |
| 19 | 吉野郡吉野町大字矢治 | 67 | 35 | 1.9 | |
| 20 | 吉野郡吉野町大字六田 | 276 | 104 | 2.7 | |
| 21 | 吉野郡吉野町大字左曽 | 158 | 62 | 2.5 | |
| 22 | 吉野郡吉野町大字吉野山下町 | 214 | 106 | 2.0 | |
| 23 | 吉野郡吉野町大字吉野山中町 | 157 | 55 | 2.9 | |
| 24 | 吉野郡吉野町大字吉野山上町 | 180 | 72 | 2.5 | |
| 25 | 吉野郡吉野町大字橋屋 | 330 | 123 | 2.7 | |

図 11-2　EXCEL による属性データの作成（筆者作成）

70

B2 以降の表頭に対応させる．A3 セルには MANDARA タグである「UNIT」と記し，B3 以降の表頭には該当する単位を記す．図 11-2 では，人口と世帯数に加え，EXCEL で計算した「1 世帯あたり人口」も算出している．このように，EXCEL において新たな属性データを演算して求めたり，書き加えたりすることができる．

　なお，この EXCEL データは保存しなくても MANDARA で地図を作成することは可能だが，今後の使用も考慮して，適切な名称で保存しておく．

## 1.4　地図の作成

　EXCEL の A1 からデータが書き込まれている範囲を指定して「コピー」し，改めて MANDARA を起動した後，「クリップボードのデータを読み込む」をチェックし，「描画開始」で地図が作成される．その際，「データ表示モード」において，「階級区分モード」「記号モード」などの図形式を変更させたり，表示する記号や値などを変更したりすることで，適切な地図を描きあげることができる．また，「データ項目」を変更することで他の属性データの値も提示できる．さらに，地図の右下の「データ値表示」をクリックすると，用いたデータの値や，オブジェクト名として地名等の掲載も可能である（図 11-3）．

　作成した地図は，「ファイル」から画像データとして保存できる他，KML 形式や Google マップへの書き出しも可能である．「KML 形式で出力（K）」を選択した場合，任意の出力ファイル名を記し，「OK」をクリックすると「このファイルを開きますか？」と参照してくるので，「はい」をクリックして開いてみるとよい．すると，Google Earth が自動的に起動し，吉野町の小地域別人口が立体的に描かれる．

　本節では，MANDARA で国勢調査（小地域集計）を用いて，集落単位の地図を作成する 1 つの手法を提示した．MANDARA の使用に習熟してくれば，他の方法で地図化することも可能であることに気づくはずである．実際の作成にあたっては，必要に応じてインターネットに公開されているマニュアル等を参照するとよい [2]．

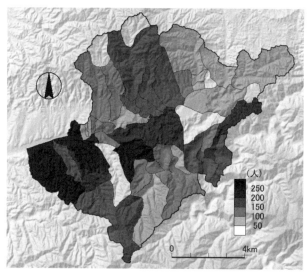

図 11-3　背景表示に地理院地図（色別標高図）を用いた吉野町の町丁字別人口（筆者作成）

## 2.　農林業センサスデータの地図化

農林業センサスの結果は，「国勢調査（小地域集計）」と同様，e-Stat により農業集落単位で公開されている．ただし，それらを地図化していくためには，若干の作業が必要となる．ここでは事例として，兵庫県豊岡市の 2015 年農林業センサスデータを用いて，農業集落を単位とした地図化をおこなう．

### 2.1　データのダウンロード

地図の作成に必要な「統計データ」と「境界データ」のダウンロードの手法は，基本的に国勢調査（小地域集計）と同様である．「国勢調査（小地域集計）」に代わり，「農林業センサス」を選択し，以降は同様の手順でダウンロードする．「統計データ」については「2015 年総農家等」の「総農家数等」を選択し，「兵庫県」のデータをダウンロードする．「境界データ」については，「小地域」から「農林業センサス」を選択し，「2015 年」の「総農家等（JGD2000）」から，「世界測地系緯度経度・Shapefile」の「28209 豊岡市」を事例としてダウンロードする．「統計データ」，「境界データ」とも任意のフォルダを作成して保存しておく．

### 2.2　地図データの編集

MANDARA を立ち上げ，「マップエディタ」に移動し，「地図データ取得（M）」から「シェープファイル（S）」を選択する．「追加」をクリックし，先ほど保存した「境界データ」のファイルを選択すると，図 11-4 のようにシェープファイルの読み込み画面が表示されるので，「OK」をクリックすると，図 11-1 と同様の背景地図が表示される．次に，「ファイル（F）」から「名前を付けて地図ファイル保存（A）」し，マップエディタを閉じる．地図ファイルの名前は何でもよいが，ここでは「豊岡センサス」として保存する．なお，ここでも保存したフォルダの名称を忘れないようにするとともに，わかりやすいフォルダに保存することをお勧めする．

図 11-4　MANDARA によるシェープファイルの読み込み（筆者作成）

## 2.3 MANDARA による地図ファイルの読み込み

「ファイル」から「白地図・初期属性データ表示（W）」を選択し，先ほど保存した地図ファイルである．「豊岡センサス」を読み込む．その際，「地図ファイル追加」ボタンをクリックし，地図ファイルが保存されているディレクトリを探す必要がある．そして，表示された「表示するオブジェクトグループ」にチェックを入れ，「OK」を押す．地図ファイルが読み込まれ，「描画開始」を押して地図が表示されれば，読み込みが成功したことになる．

## 2.4 属性データの取り出し

「編集（E）」から「クリップボードにデータのコピー（C）」をクリックすると「クリップボードにデータをコピーしました」と提示されるので，「OK」を押す．次に，EXCEL の新しいファイルを開いて貼り付ける．ここで，EXCEL ファイルに任意の名前（ここでは「豊岡センサス」）をつけて保存し，一旦閉じる．次に，改めて EXCEL を立ち上げ，新しいシートに「ファイル」からテキストファイルで保存されたデータを開く．このファイルは，EXCEL データではないため，データを開く際に，エクセルの右下のファイル形式を「すべてのファイル」として，ディレクトリに参照する必要がある．その後は，「テキストファイルウィザード」に従い，「元のデータのファイル形式」を「コンマやタブなどの区切り文字によってフィールドごとに区切られたデータ（D）」を選択し，「次へ（N）」をクリックして「区切り文字」を「タブ」とともに「コンマ」に設定し，表として取り込む．取り込んだ表全体をコピーし，先ほどの MANDARA でつくった表の「豊岡センサス」を開き，右側の余白（ここでは「K4」セル）に貼り付ける（図 11-5）[3]．

| | A | B | C | D | E | F | G | H | I | J | K | L | M | N | O | P | Q | R | S |
|---|---|---|---|---|---|---|---|---|---|---|---|---|---|---|---|---|---|---|---|
| 1 | MAP | 豊岡センサス | | | | | | | | | | | | | | | | | |
| 2 | LAYER | レイヤ豊岡セン豊岡センサス | | | | | | | | | | | | | | | | | |
| 3 | TYPE | NORMAL | | | | | | | | | | | | | | | | | |
| 4 | SHAPE | POLYGON | | | | | | | | | KEY_CODE | PREF_N | CITY_N | KCITY_N | AGRI_N | T0008070 | T0008070 | T0008070 | T000807004 |
| 5 | TITLE | KEY_CODE | PREF | CITY | S_AREA | PREF_NA | CITY_NA | S_NAME | KCITY | AGRI | | | | | | 総農家 | 販売農家 | 自給的農家 | 土地持ち非農家 |
| 6 | UNIT | STR | | | | CAT | CAT | STR | | | | | | | | | | | |
| 7 | NOTE | | | | | | | | | | 2820900000 | 兵庫県 | 豊岡市 | | | 4455 | 2543 | 1912 | 3024 |
| 8 | agri201528209.shp.1 | 28209-9-99 | 28 | 209 | -99 | 兵庫県 | 豊岡市 | | -9 | -99 | 2820901000 | 兵庫県 | 豊岡市 | 豊岡町 | | 313 | 157 | 156 | 347 |
| 9 | agri201528209.shp.2 | 2820901001 | 28 | 209 | 1 | 兵庫県 | 豊岡市 | 佐野 | 1 | 1 | 2820901001 | 兵庫県 | 豊岡市 | 豊岡町 | 佐野 | 26 | 10 | 16 | 4 |
| 10 | agri201528209.shp.3 | 2820901002 | 28 | 209 | 2 | 兵庫県 | 豊岡市 | 上町 | 1 | 2 | 2820901002 | 兵庫県 | 豊岡市 | 豊岡町 | 上町 | 8 | 3 | 5 | 18 |
| 11 | agri201528209.shp.4 | 2820901003 | 28 | 209 | 3 | 兵庫県 | 豊岡市 | 中ノ町 | 1 | 3 | 2820901003 | 兵庫県 | 豊岡市 | 豊岡町 | 中ノ町 | 4 | 1 | 3 | 3 |
| 12 | agri201528209.shp.5 | 2820901004 | 28 | 209 | 4 | 兵庫県 | 豊岡市 | 下ノ町 | 1 | 4 | 2820901004 | 兵庫県 | 豊岡市 | 豊岡町 | 下ノ町 | 4 | - | 4 | 3 |
| 13 | agri201528209.shp.6 | 2820901005 | 28 | 209 | 5 | 兵庫県 | 豊岡市 | 妙楽寺 | 1 | 5 | 2820901005 | 兵庫県 | 豊岡市 | 豊岡町 | 妙楽寺 | 13 | 2 | 11 | 9 |
| 14 | agri201528209.shp.7 | 2820901006 | 28 | 209 | 6 | 兵庫県 | 豊岡市 | 三坂 | 1 | 6 | 2820901006 | 兵庫県 | 豊岡市 | 豊岡町 | 三坂 | - | - | - | 5 |
| 15 | agri201528209.shp.8 | 2820901007 | 28 | 209 | 7 | 兵庫県 | 豊岡市 | 大磯 | 1 | 7 | 2820901007 | 兵庫県 | 豊岡市 | 豊岡町 | 大磯 | 4 | 1 | 3 | 3 |
| 16 | agri201528209.shp.9 | 2820901008 | 28 | 209 | 8 | 兵庫県 | 豊岡市 | 立野 | 1 | 8 | 2820901008 | 兵庫県 | 豊岡市 | 豊岡町 | 立野 | 5 | 1 | 4 | 31 |
| 17 | agri201528209.shp.10 | 2820901009 | 28 | 209 | 9 | 兵庫県 | 豊岡市 | 嵩島 | 1 | 9 | 2820901009 | 兵庫県 | 豊岡市 | 豊岡町 | 嵩島 | 6 | 3 | 3 | 7 |
| 18 | agri201528209.shp.11 | 2820901010 | 28 | 209 | 10 | 兵庫県 | 豊岡市 | 一日市 | 1 | 10 | 2820901010 | 兵庫県 | 豊岡市 | 豊岡町 | 一日市 | 24 | 18 | 6 | 29 |
| 19 | agri201528209.shp.12 | 2820901011 | 28 | 209 | 11 | 兵庫県 | 豊岡市 | 船町 | 1 | 11 | 2820901011 | 兵庫県 | 豊岡市 | 豊岡町 | 船町 | 6 | 3 | 3 | 14 |
| 20 | agri201528209.shp.13 | 2820901012 | 28 | 209 | 12 | 兵庫県 | 豊岡市 | 山本 | 1 | 12 | 2820901012 | 兵庫県 | 豊岡市 | 豊岡町 | 山本 | 4 | 2 | 2 | 8 |
| 21 | agri201528209.shp.14 | 2820901013 | 28 | 209 | 13 | 兵庫県 | 豊岡市 | 森 | 1 | 13 | 2820901013 | 兵庫県 | 豊岡市 | 豊岡町 | 森 | 5 | 2 | 3 | 8 |
| 22 | agri201528209.shp.15 | 2820901014 | 28 | 209 | 14 | 兵庫県 | 豊岡市 | 金剛寺 | 1 | 14 | 2820901014 | 兵庫県 | 豊岡市 | 豊岡町 | 金剛寺 | 13 | 11 | 2 | - |
| 23 | agri201528209.shp.16 | 2820901015 | 28 | 209 | 15 | 兵庫県 | 豊岡市 | 野上 | 1 | 15 | 2820901015 | 兵庫県 | 豊岡市 | 豊岡町 | 野上 | 16 | 13 | 3 | 23 |
| 24 | agri201528209.shp.17 | 2820901016 | 28 | 209 | 16 | 兵庫県 | 豊岡市 | 下鶴井 | 1 | 16 | 2820901016 | 兵庫県 | 豊岡市 | 豊岡町 | 下鶴井 | 31 | 14 | 17 | 23 |
| 25 | agri201528209.shp.18 | 2820901017 | 28 | 209 | 17 | 兵庫県 | 豊岡市 | 口鶴井 | 1 | 17 | 2820901017 | 兵庫県 | 豊岡市 | 豊岡町 | 口鶴井 | 5 | 1 | 4 | 2 |
| 26 | agri201528209.shp.19 | 2820901018 | 28 | 209 | 18 | 兵庫県 | 豊岡市 | 赤石 | 1 | 18 | 2820901018 | 兵庫県 | 豊岡市 | 豊岡町 | 赤石 | 11 | 7 | 4 | 20 |
| 27 | agri201528209.shp.20 | 2820901019 | 28 | 209 | 19 | 兵庫県 | 豊岡市 | 法花寺 | 1 | 19 | 2820901019 | 兵庫県 | 豊岡市 | 豊岡町 | 法花寺 | 18 | 13 | 5 | 12 |
| 28 | agri201528209.shp.21 | 2820901020 | 28 | 209 | 20 | 兵庫県 | 豊岡市 | 祥雲寺 | 1 | 20 | 2820901020 | 兵庫県 | 豊岡市 | 豊岡町 | 祥雲寺 | 2 | - | 2 | 18 |
| 29 | agri201528209.shp.22 | 2820901021 | 28 | 209 | 21 | 兵庫県 | 豊岡市 | 栄町 | 1 | 21 | 2820901021 | 兵庫県 | 豊岡市 | 豊岡町 | 栄町 | 12 | 5 | 7 | 10 |
| 30 | agri201528209.shp.23 | 2820901022 | 28 | 209 | 22 | 兵庫県 | 豊岡市 | 鎌田 | 1 | 22 | 2820901022 | 兵庫県 | 豊岡市 | 豊岡町 | 鎌田 | 3 | 2 | 1 | 8 |
| 31 | agri201528209.shp.24 | 2820901023 | 28 | 209 | 23 | 兵庫県 | 豊岡市 | 下宮 | 1 | 23 | 2820901023 | 兵庫県 | 豊岡市 | 豊岡町 | 下宮 | 43 | 21 | 22 | 26 |
| 32 | agri201528209.shp.25 | 2820901024 | 28 | 209 | 24 | 兵庫県 | 豊岡市 | 本庄境 | 1 | 24 | 2820901024 | 兵庫県 | 豊岡市 | 豊岡町 | 本庄境 | 18 | 10 | 8 | 8 |
| 33 | agri201528209.shp.26 | 2820901025 | 28 | 209 | 25 | 兵庫県 | 豊岡市 | 中庄境 | 1 | 25 | 2820901025 | 兵庫県 | 豊岡市 | 豊岡町 | 中庄境 | 9 | 3 | 6 | 7 |
| 34 | agri201528209.shp.27 | 2820901026 | 28 | 209 | 26 | 兵庫県 | 豊岡市 | 上庄境 | 1 | 26 | 2820901026 | 兵庫県 | 豊岡市 | 豊岡町 | 上庄境 | 9 | 6 | 3 | 10 |
| 35 | agri201528209.shp.28 | 2820901027 | 28 | 209 | 27 | 兵庫県 | 豊岡市 | 梶原 | 1 | 27 | 2820901027 | 兵庫県 | 豊岡市 | 豊岡町 | 梶原 | 5 | 2 | 3 | 8 |

図 11-5　地図データと統計データの結合（筆者作成）

## 2.5 属性データの整合性

　貼り付けた表を見ると，地図データの表と，統計データの表との並び順が合致していない上，欠けているものもある．これを揃えるために，新たに K 列と L 列の 2 つの列を作成し，新たにできた「K5」セルに「総農家」と記す．次に，4 つ下の「K9」カラムに「総農家」が入るように関数を設定する．まず，「VLOOKUP」関数を選択し，「検索値」は B9 カラムの「KEY-CODE」である「2820901001」を選択する．これにより，同じ「KEY-CODE」のデータを参照することができる．「範囲」は貼り付けた方のデータすべてを選択する．次に，列番号は図示したいデータがある位置を選択する．ここでは，行を示すアルファベットではなく，選択したデータの範囲のうち，左から数えた数字になる．例えば，「R 列」（総農家数）を表示したい場合は，「M 列」が「1」，「N 列」が「2」となるので，「R 列」は「6」となる．「検索方法」は「FALSE」（完全一致）を選択する．このように入力すると，関数の部分が「=VLOOKUP（B9,M8:U351,6,FALSE）」となる．そして，この関数を，K 列のすべてのセルに貼り付ける．「#N/A」が表示された場合には，関数を見直し，対象範囲の再設定をおこなう必要がある．ただし，このような関数を扱うことが難しかったり，少量のデータであれば直接データを入力したり，コピー＆ペーストでデータを貼り付けても問題はない．

## 2.6　MANDARA で地図化する

　「総農家」を含めて貼り付けたデータをすべてコピーした上で，MANDARA を開く．「ファイル」から「クリップボードからデータ読み込み」をおこなう．MANDARA の「データ項目」を見ると，追加されたカテゴリーが含まれているので，「10：総農家」を選択し，「描画開始」で地図化が可能となる（図 11-6）．MANDARA では，さまざまな描写形式があるので，試行錯誤しながら必要な地図を作成することができる[4]．

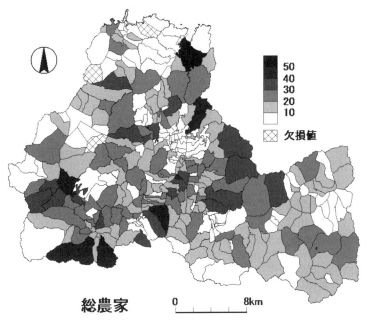

図 11-6　MANDARA で作成した豊岡市の農業集落別総農家数（筆者作成）

なお，本書では「e-Stat 政府統計の総合窓口」からダウンロードしたデータのみを使用したが，農業集落単位のデータが得られれば，手入力によって地図化は可能である．場合によっては，現地調査やアンケート調査の結果を地図化することも考えられる．このように，農林業センサスの地図データの活用はきわめて有益である．

## 3．おわりに

最後に，農村地域の実態把握に適した集落データや，GIS の教材になり得る情報を紹介する．

まず，独立行政法人統計センターでは，「地図による小地域分析」（jSTAT MAP）が構築されている[5]．本章で紹介した国勢調査（小地域集計）の集計結果について，インターネットを介して地図を作成することができる．

また，「全国小地域別将来人口推計システム」は，国勢調査（小地域集計）をもとに，町丁字別の将来人口推計データをダウンロードすることができる．背景地図も充実しており，農村地域における活用が期待される[6]．

さらに，農林水産省「地域の農業を見て・知って・活かす DB 〜農林業センサスを中心とした総合データベース〜」では，各種統計データの他，市町村・旧町村・農業集落等の境界データ（シェープファイル形式）を県単位で簡単にダウンロードできる[7]．

この他，「Geoshape リポジトリ－地理形状データ共有サイト：ROIS-DS 人文学オープンデータ共同利用センター（CODH）」には，多様なデータセットが提供されており，ぜひ参照してほしい[8]．

本章に記載した情報以外にも，各省庁単位や都道府県単位で数多くの統計データが提供されている．教材作成にあたっては，適切なデータを素早く見極められるような嗅覚を身に付けていく必要がある．

（作野広和）

[注]
(1) 地理学では，国勢調査や農林業センサスの小地域集計を活用して有意義な研究成果が得られている．
  ・梶田　真（2013）：国勢調査と農業センサスの補完的検討の試み－小地域統計を用いた久慈市山形町の戦後動態の定量分析－．人文地理 65，42-60.
  ・梶田　真（2014）：地域統計としての農業センサス－農村地域における小地域統計の利用可能性に関するノート－．東京大学人文地理学研究 21，47-66.
  ・梶田　真（2015）：可住地情報を利用した小地域統計の高精度可視化による活用－島根県島後への適用－．地理科学 70，77-91.
  ・寺床幸雄（2018）：農業集落と国勢調査小地域との関係性に関する基礎的分析．立命館文學 656，661-647.
(2) MANDARA を用いて国勢調査（小地域集計）の結果を地図化する手法については，以下のサイトに掲載されている．
  ・神戸大学地域経済統計研究会「まちづくりに新発想：地域自治を支える小地域統計分析」
    https://www.rieb.kobe-u.ac.jp/project/keizai-tokei/machi.pdf
  ・佐藤崇徳「国勢調査小地域集計データを GIS ソフト『MANDARA』で利用する方法」
    https://user.numazu-ct.ac.jp/~tsato/tsato/lumber_room/toukeigis2mandara.pdf
  ・波江彰彦「MANDARA10 で国勢調査町丁・字等別データを地図化する」
    https://namie-geo.jp/gis/mandara10-manual/mandara10-20201220-1/
(3) ここでは，紙面の都合上，数行を削除して掲載している．

(4)　MANDARA を用いて農林業センサスの結果を地図化する手法については，以下のサイトに掲載されている．

　・伊藤智章「いとちり GIS マニュアル 農林業センサスデータを MANDARA で地図化する方法」
　　http:// itochiriback.up.seesaa.net/image/agri-itochiri.pdf

　・佐藤崇徳「農林業センサス農業集落データを GIS ソフト『MANDARA』で利用する方法」
　　https://user.numazu-ct.ac.jp/~tsato/tsato/lumber_room/toukeigis2mandara_agri.pdf

　・深瀬浩三（2021）：小地域統計データの地理情報システム（GIS）利用による地域防災への活用可能性．
　　鹿児島大学地震火山地域防災センター 令和 2 年度報告書，93-97.
　　https://bousai.kagoshima-u.ac.jp/4417/

(5)　「地図で見る統計」（jSTAT MAP）
　　https://www.e-stat.go.jp/gis

(6)　「全国小地域別将来人口推計システム」
　　https://www.arcgis.com/apps/webappviewer/index.html?id=00804e1e1beb45e1864c5f24a65fd40d

(7)　「地域の農業を見て・知って・活かす DB 〜農林業センサスを中心とした総合データベース〜」
　　http:// www.maff.go.jp/j/tokei/census/shuraku_data/index.html

(8)　「Geoshape リポジトリ―地理形状データ共有サイト：ROIS-DS 人文学オープンデータ共同利用センター
　　（CODH）」
　　https://geoshape.ex.nii.ac.jp/

# 第12章　旧版地形図を利用した土地利用変化の把握

## 1．概要

　古地図は，地域の歴史や現在までの変化を把握するための重要な史資料の1つであり，地理の授業でこれまでに活用されてきた地形図も，旧版地形図と呼ばれる過去に発行されたものについては古地図の範疇に入る．旧版地形図を利用し，現在の地形図と重ね合わせることで，地域における明治以降のさまざまな変化，とりわけ土地利用の変化を観察することができる．そこで本章では，新学習指導要領だけでなくこれまでも扱われてきた生活圏に関する地域調査の1つの例として，学校周辺地域に関する旧版地形図を GIS 上に表示し，現在の地形図（国土地理院が提供する「地理院タイル」）のデータと重ね合わせて土地利用変化を把握する手順を紹介する．

　本章で使用する GIS ソフトは QGIS（バージョン 3.16.4）であり，通常は本体と同時にインストールされるジオリファレンサプラグイン（少なくともバージョン 1.8 以降に搭載）を必要とする．ArcGIS などの GIS ソフトでも同様のジオリファレンス機能が搭載されていることが多いので，ヘルプやマニュアルからジオリファレンスの方法がわかるのであれば，4 および 5 の作業は代替できる．また，生徒一人一人の GIS 環境が整備されていれば，4 以降を生徒に作業してもらうこともできるが，そうでない場合は，5 までを教員が準備するとよい．

　なお，オンラインで旧版地形図を閲覧できる「今昔マップ on the web」（以下「今昔マップ」）というサービスも存在する．今昔マップは，埼玉大学の谷謙二氏が運営するサービスであり，大都市圏や都道府県庁所在都市周辺の旧版地形図をスキャンし，ジオリファレンスして，タイル形式（オンラインで地図データを配信する方式の1つ）で整備されたデータが公開されている．読者の学校周辺地域が今昔マップの配信対象地域であれば，4.3 の手順を参照して QGIS 上で今昔マップを表示できるので，2・3・5 の手順を省略できる．

## 2．事前準備①：旧版地形図の入手

　どの縮尺の旧版地形図が必要となるのかは，分析対象とする地域のスケールや分析の視点によって異なる．学校周辺の生活圏のような単位であれば，2 万 5 千分 1 地形図が用いられることが多いだろう．あるいは地域によっては，2 万分 1 正式図や迅速図，仮製図，新旧の 1 万分 1 地形図でもよいかもしれない．高校の学区のようなより広域を対象とする場合は，5 万分 1 地形図も選択肢に入るだろう．どのような地域で，どの種類の地形図がどの年代に発行されたかは，国土地理院が提供する「地

図・空中写真閲覧サービス」から確認できるので，分析内容に応じた地形図を選ぶことができる．

　旧版地形図の入手にあたっては，学校や最寄りの公共図書館などに所蔵されていればよいが，所蔵がない場合は，国土地理院に謄本の交付を申請し，交付を受ける必要がある（交付手数料や送料が必要になる）．謄本交付申請の場合，窓口や郵送だけでなく，電子申請も可能である．手順の詳細や交付手数料等の金額については，国土地理院の Web サイトで確認されたい．なお，謄本交付申請書は，前述の「地図・空中写真閲覧サービス」の Web サイトから地形図を選択しながら簡単な手順で作成することができる．謄本交付申請を郵送でおこなうと，申請書に問題がなければ早くて数日程度で謄本が交付され，手元に届くことになる．

## 3.　事前準備②：旧版地形図のスキャン

　旧版地形図を入手できれば，スキャナを用いて QGIS で読み込み可能なデジタルデータを作成することになる．しかし，一般的な地形図は柾版（460 mm × 580 mm）であり，A2（420 mm × 594 mm）よりも縦方向にやや大きいため，一般的な大きさのスキャナではすべてを読み取ることができない．地形図内の特定の地域のみを対象とするのであれば，A3 や A4 対応のスキャナであっても対象地域のみをスキャンすればよいが，その場合でも注意すべき点がある．5 の作業では，旧版地形図上のいくつかの地点に，それぞれ対応する現在の地点の位置情報を付与することで，ジオリファレンスをおこなう．このとき，位置情報の付与に利用する地点は，学校周辺のような特定の地域に集中させるのではなく，地図画像のなかで偏りなく，3 点以上配置する必要がある．特定の地域のみをスキャンする場合，そのような地点をあらかじめ探しておき，スキャン範囲を決定しなければならない．なお，A3 対応のスキャナであれば，半面ずつスキャンして，画像処理ソフト（Photoshop や GIMP など）でつなぎ合わせれば，地形図の全面を画像データとして取り込むことができる．スキャンした地図画像は，QGIS で読み込むために TIFF 形式で保存する．凡例やスケールバーなど，地図以外の部分はトリミングしておくほうがよい．

## 4.　作業①：QGIS での地理院タイル（標準地図）の読み込み

### 4.1　地理院タイルの表示に必要な情報の収集
　QGIS で地理院タイルのデータを表示するには，地理院タイルを配信するサーバに接続する必要があり，接続に必要な情報は，GitHub 上の「地理院タイルの WMTS メタデータ提供実験」に掲載されている．
(1) ブラウザで「地理院タイル WMTS」などと検索し，「地理院タイルの WMTS メタデータ提供実験」のページを開く（章末に記載の URL を入力してもよい）．
(2) WMTS メタデータ欄にある以下の URL をクリップボードにコピーする．
　https://gsi-cyberjapan.github.io/experimental_wmts/gsitiles_wmts.xml

### 4.2　QGIS 上での地理院タイルの WMTS サーバへの接続
(1) QGIS Desktop を起動し，新規プロジェクトを開く．

(2) メニューの「レイヤ」から「レイヤを追加」で「WMS/WMTS を追加」をクリックする.

(3) 「新規」ボタンをクリックし,「新しい WMS/WMTS 接続を作成」ウィンドウを表示する.

(4) 名前に「地理院タイル」,URL に先ほどクリップボードにコピーした URL を貼り付け,「OK」ボタンを押す.

(5) 「接続」をクリックする.

(6) レイヤが表示されれば,レイヤ名が「std」,タイトルが「標準地図」であるレイヤを探して選択し,「追加」をクリックすると,地理院タイルの標準地図(地形図)のレイヤが表示される.

※同じウィンドウの「レイヤ」タブで「保存」をクリックすると,サーバへの接続情報を XML ファイルに保存できる(「読み込み」ボタンから XML ファイルを読み込むことができる).XML ファイルを生徒に配布すれば,URL を貼り付ける手間を省くことができる.

### 4.3　今昔マップの XYZ レイヤとしての表示方法

QGIS では,今昔マップを XYZ レイヤとして読み込むことができる.4.2 と同様に「レイヤを追加」から「XYZ レイヤを追加」をクリックした上で,「新規」から URL を設定する.設定する URL については,今昔マップの「タイルマップサービス」のページで解説されている.例えば,京阪神圏の 1967-1970 年の場合,以下のようになる.なお,同ページで解説されているように,QGIS で用いる場合は「{y}」を「{-y}」とする必要がある.

http://ktgis.net/kjmapw/kjtilemap/keihansin/04/{z}/{x}/{-y}.png

他の地域,年代については,今昔マップの「タイルマップサービス」のページで解説されている.

## 5.　作業②：QGIS でのジオリファレンスと重ね合わせ

### 5.1　ジオリファレンサの起動と旧版地形図の地図画像の読み込み

(1) 「ラスタ」メニューから「ジオリファレンサ」を選び,ジオリファレンサを起動する.

(2) 「ファイル」メニューの「ラスタを開く」で,スキャンした地図画像のファイルを開く.

### 5.2　対応する地点(GCP)の入力

旧版地形図上と標準地図レイヤ上とで対応する地点(GCP: Ground Control Point)を設定することで,旧版地形図の地図画像に位置情報を付与することができる.旧版地形図の全面をスキャンできている場合は,GCP として地形図の四隅を利用できる.GCP に適した地点は次のような地点であり,双方の地形図上で事前にある程度探しておくとよい.位置の変化が少ないと考えられる比較的古い道の交差点を採用してもよい.

地形図の四隅以外で GCP に適した地点

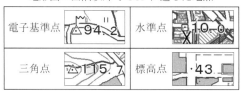

(1)「点を追加」ツールで，ジオリファレンサの画面上の GCP となる地点をクリック する（ある程度拡大してから，記号などの中心点をなるべく正確にクリックする）．

(2)「地図座標の入力」ウィンドウが表示されるので，「地図キャンバスから」ボタンをクリックする． ※四隅を GCP として利用する場合は，経度を「X / 東」に，緯度を「Y / 北」に度分秒単位（135 30 0.0 のように，半角スペースで区切る）で入力し，手順（4）に進む．

(3) QGIS の地図画面上で，手順（1）と同じ要領で対応する GCP の地点をクリックする．

(4)「地図座標の入力」ウィンドウで「OK」ボタンをクリックすると，ジオリファレ ンサの GCP テーブル欄に画像上の座標値（変換元 X / Y）と，標準地図レイヤ上 の座標値（変換先 X / Y）が表示され，地図上にも赤い点が表示される．

(5) 手順（1）から手順（4）を，最低 3 地点の GCP を入力できるまで繰り返す．

## 5.3　ジオリファレンスの設定と処理の実行

(1)「変換の設定」ボタンをクリックし，「変換の設定」ウィンドウを表示する．

(2) 変換タイプは「線形」，リサンプリング方法は「最近傍」を選択し，変換先 SRS では，「プロジェクト CRS: EPSG:3857」（標準地図レイヤと同じ空間参照システム）を選択する． ※四隅を GCP として利用する場合，ジオリファレンスする地形図が世界測地系であれば 「EPSG:4612」を，日本測地系（旧測地系）であれば「EPSG:4301」を選択する．

(3) 出力ラスタ欄の右のブラウズボタンをクリックし，保存先ファイル名を設定する（GeoTIFF 形式）．

(4) 圧縮は任意のものを選ぶ．

(5)「完了時に QGIS にロードする」にチェックを入れ，「OK」ボタンをクリックする．

(6) GCP テーブルに表示された残差が大きすぎる場合は，ジオリファレンス結果のずれが大きくな るので，GCP の位置を修正する必要がある． ※経験的に，GCP が 4 〜 5 地点までであれば，数を増やすほど残差が小さくなるが，増やし過ぎ ると残差が大きくなることが多いので，あまり多くの地点を入力しないほうがよい．

(7) 設定が完了したら，「ジオリファレンスを開始」ボタンをクリックする．

(8) ジオリファレンスが正常に完了すれば，QGIS 上にジオリファレンスされた旧版地形図のレイヤ が表示される．

## 6.　グループワーク：地域の変化の観察

　これまでの作業によって，旧版地形図の地図画像を GIS データとして作成し直し，地理院タイル の標準地図レイヤ上に表示することができた（図 12-1，図 12-2）．これからおこなう土地利用変化の 分析は，定量的な解析ではなく，QGIS を操作しながら目視で観察するものであり，何らかの観察テー マを設定して，グループワークでおこなうことを想定している．ここでは，大阪府吹田市にある A 高校周辺地域についての観察例として，3 つのテーマ例を紹介しておく．

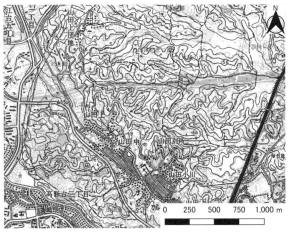 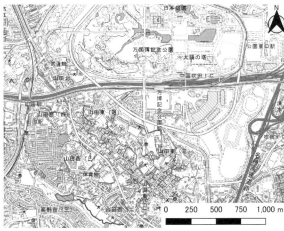

図 12-1　1967 年：旧版地形図レイヤ　　　　　図 12-2　現在：地理院タイル（標準地図レイヤ）

地理院タイル（標準地図レイヤ）上に 25% 透過で表示.

1967 年改測・1969 年発行 2 万 5 千分 1 地形図「吹田」.

## 6.1　観察テーマ例①：大きく変化した地域・土地利用は何か

　現在「万国博記念公園」となっている地域の大部分は，1967 年の地形図では竹林であり，公園南側にある A 高校の場所にも竹林の記号が置かれている．この公園は，1970 年に開催された大阪万博の会場跡地であり，1967 年時点ではまだ造成も行われていなかったことがわかる．また，会場となった場所には，「山田上団地」という住宅団地が存在していたこともわかる．

## 6.2　観察テーマ例②：変化していない地域・土地利用は何か

　1967 年の地形図の南西部にある「高野台三丁目」は，千里ニュータウンのなかで 1963 年に入居が開始された地区であり，現在もそのまま存在している．また，1967 年の地形図の中央部にある「山田別所」や「山田小川」などの地名は，現在はなくなっているものの，道路や建物，河川の形などから，集落としては変わらずに残っていることがわかる．現在の「山田東（三）」の文字のやや西にある A 高校は，1967 年時点の集落と，万博会場用地として開発された竹林との中間に開設されている（開校は 1984 年）．

## 6.3　観察テーマ例③：通学路周辺の土地利用はどのように変化したか

　「新規シェープファイルレイヤ」ボタンをクリックし，ファイル名を設定して，ジオメトリタイプを「ライン」，CRS を「プロジェクト CRS: EPSG:3857」として「OK」ボタンをクリックすると，新しいシェープファイルを作成・追加することができる．編集モードにして，標準地図レイヤを参照しながら，通学路のラインデータを作成すれば，1967 年の地形図上に，現在の通学路を表示することができる．生徒の記憶にある通学路沿いの景観と，旧版地形図から想像できる景観とを比べることで，変化した／していない要素について具体的にイメージしながらグループで議論することができるだろう．

## 7.　旧版地形図や地理院タイルを活用したさらなる展開

　旧版地形図を GIS 上で現在の地形図に重ね合わせ，机上で議論するだけでなく，旧版地形図の GIS データを片手にフィールドに出ることで，生活圏とする地域の成り立ちや現在までの変化に関する理解を深めることもできる．例えば，Mapbox などの無料でも利用できるクラウド GIS を通して iPad などで利用できるようにすれば，旧版地形図を見せながら，過去や現在までの分析対象地域の変化について，地域住民から聞き取り調査をおこなうこともできるだろう．また，地理院タイルには最新だけでなく過去の空中写真のレイヤも提供されており，特に 1974 〜 78 年撮影のレイヤの整備範囲は広く，カラー画像であることから，現在までの約 40 年間の土地利用変化を地形図よりも詳細に把握できる．これまで紹介してきたように，旧版地形図をジオリファレンスし，GIS データにすることで，すでに整備され，Web 上で提供されているさまざまな GIS データと重ね合わせることができるようになる．このデータを利用し，試行錯誤しながら，さまざまな他の GIS データと重ね合わせ，レイヤの表示・非表示の切り替えによって何枚もの地図を QGIS 上で繰り返し擬似的に作成することで，生活圏とする地域の変化の地理的・歴史的背景を考え，地理的思考能力を育てることができる．　　　　（桐村　喬）

**［参考資料・関連 Web サイト］**
(1) 国土地理院「旧版地図の謄抄本交付申請」
　　https://www.gsi.go.jp/MAP/HISTORY/koufu.html（2021 年 3 月 3 日アクセス）
(2) 国土地理院「地図・空中写真閲覧サービス」
　　https://mapps.gsi.go.jp/maplibSearch.do#1（2021 年 3 月 3 日アクセス）
(3) 国土地理院「平成 25 年 2 万 5 千分 1 地形図図式（表示基準）」
　　https://www.gsi.go.jp/common/000218186.pdf（2021 年 3 月 3 日アクセス）
(4) 谷　謙二「今昔マップ on the web」
　　https://ktgis.net/kjmapw/（2021 年 8 月 20 日アクセス）
(5) 谷　謙二「タイルマップサービス」
　　https://ktgis.net/kjmapw/tilemapservice.html（2021 年 8 月 20 日アクセス）
(6) 地理院タイルの WMTS メタデータ提供実験
　　https://github.com/gsi-cyberjapan/experimental_wmts（2021 年 3 月 3 日アクセス）
(7) 文部科学省「高等学校学習指導要領（平成 30 年告示）解説 地理歴史編」
　　https://www.mext.go.jp/content/1407073_03_2_2.pdf（2021 年 3 月 3 日アクセス）
(8) Mapbox
　　 https://www.mapbox.com/（2021 年 3 月 3 日アクセス）

# 第13章　野生生物の目撃データを利用した動物の行動圏と環境特性の把握

## 1.　はじめに

　1970年代以降，野生動物による農林水産物や建造物，人間への被害が増加し，獣害は環境問題の1つとして関心が高まっている．野生動物の生息について知ることは，地域の自然環境を学ぶだけにとどまらず，地域の社会経済環境や生物多様性の在り方について考える機会にもつながるため，授業テーマとしても取り入れられている．具体的な野生動物を取り上げた指導計画や授業内容については，帝国書院のWebサイト内の「地理単元別資料一覧」に公開されている「フィールドワークから「外来生物」の被害を学ぶ」を参照されたい．そこで本章では，野生動物の事例としてクマの目撃された場所の情報をもとにGISデータを作成し，現存植生図や地形図に重ね合わせ，クマの出没場所の特徴について検討する方法を紹介する．なお，本章で使用するGISソフトはQGIS3.16.10LTRである．授業で，GISやインターネットを活用できない環境の場合には，データの作成作業の結果をOHPシートやトレーシングペーパーなどに印刷するところまでを，GISやインターネットを活用できる環境にある場合にはデータ作成までを，教員が準備する．生徒には紙媒体あるいはPC等で，出没場所を植生図や地形図に重ね合わせる体験を通し，野生動物が出没する場所はどのような特徴があるのかを考察してもらうのもよいだろう．

## 2.　ポイントデータの作成

### 2.1　データの作成方法
　まず，野生動物の出没あるいは目撃場所（ポイント）データを準備する．ここでは，（A）公開されているデータを活用する方法と（B）フィールドワークで得た情報を活用する方法の2つのパターンを紹介したい．
（A）公開されているデータを活用する場合
　インターネットの検索サイトで調べてみると，自治体の関係機関から野生動物の出没あるいは目撃マップが公開されており，閲覧することができる．例えば，富山県や山形県ではGoogle My Mapsでクマの目撃や痕跡情報を公開し，その情報をKML形式でポイントデータをダウンロードできるようになっている．本章では，山形県のWebサイトで公開されているクマ目撃マップのうち，「令和2年ツキノワグマ目撃マップ〜やまがたクマっぷ2020〜」の情報を用いた．図13-1に示したマップを開くことができたら，「R2クマ目撃マップ」のタイトルの右端にあるアイコンをクリックする．リスト

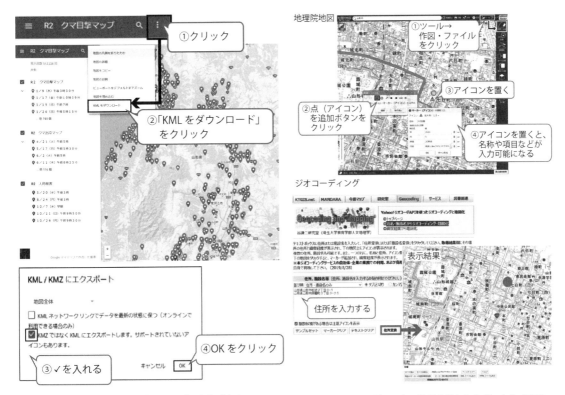

図 13-1　公開情報を基にしたデータ作成方法　　　　図 13-2　フィールドワークの結果を基にしたデータ作成方法

が表示されるため，リストの一番下にある「KML をダウンロード」をクリックする．KML / KMZ エクスポート画面が表示されたら，項目 2 つ目の「KMZ ではなく KML にエクスポートします．（略）」にチェックを入れ，「OK」をクリックすると保存の設定画面が表示される．保存先を指定して「R2bear」と名前を付けて保存する．

（B）　フィールドワークで得た情報を活用する場合

　フィールドワークでは，野生動物の目撃情報を収集し，紙媒体の地図やフィールドノートに場所や目撃内容を記録する．紙地図に目撃場所を記録している場合やおおまかな住所情報のメモを記録している場合には，地理院地図の【ツール】内にある【作図・ファイル】を利用する（図 13-2）．メモや地図を参照しながら目撃場所と一致する地理院地図上に【マーカー】をクリックし，日時や目撃内容を「項目」欄に入力する．【エンターキー】のアイコンを押せば新たな項目欄が追加される．収集したデータ分の項目を作成し，入力することができたら KML 形式または GeoJSON 形式で『bear.kml』や『bear.geojson』として保存する．詳細な手順については「地理院地図操作マニュアル」を参考にされたい．

　一方，番地レベルでの詳細な住所のメモがある場合には，「アドレスマッチング」または「ジオコーディング」と呼ばれる，住所の文字情報から自動的に場所の経緯度に変換する作業をおこなう．ここでは，埼玉大学の谷謙二氏が運営する「Geocoding and Mapping」を利用する．このジオコーディングのサイトにたどり着いたら，＜地名・施設名からジオコーディング・地図化〉のリンクを開き，「住所，施設名のみ」の枠内に 1 件 1 行ずつ住所を入力し，入力が終えたら【住所変換】をクリックする．入力フォームの下にジオコーディングの結果と結果を反映した地図が表示される．なお，精度が低い場

合には，地図上に注意アイコンで表示されるため，地図上でマーカー（注意アイコン）をドラッグして適切な位置に移動させて修正をおこなう必要がある．ジオコーディングの結果が問題ない場合には，表示された地図の下方部にある【KML ファイルに出力】のアイコンをクリックし，ジオコーディングの結果を『bear.kml』として保存する．

　なお，作業で利用するデータは，1 つのフォルダ（例えば『animal_damage』など）を作成し，まとめて保存しておくとよいだろう．

## 2.2　地図表示

　2.1 で作成したデータを QGIS 上で地図表示する．まずは QGIS を起動し，ステータスバーの EPSG:code ボタン（QGIS 画面の右下のアイコン）を押し，〈プロジェクトプロパティ〉ウインドウを出し，「座標参照系」を「投影された座標系」の【EPSG:3100 – JGD2000 / UTM zone 54N】（UTM のゾーン番号は対象地域によって異なる．山形県は 54 帯に該当する）を選び，【OK】を押す．なお，背景地図を表示したい場合には，第 12 章の手順に沿っておこなうと地理院タイル上にポイントデータを重ねることができる．KML 形式や GeoJSON 形式のデータをポイントデータとして地図に表示する手順を以下に示す．

1. メインメニューの「レイヤ」→「レイヤの追加」→「ベクタレイヤの追加」を選択する．
2. 〈ベクタレイヤの追加〉ウインドウが出たら，「ソースタイプ」は【ファイル】，「文字コード」は【自動】のままに，ソースの「ベクタデータセット」は【ブラウズ】ボタンを押す．作成した『R2bear.kml』，『bear.kml』，『bear.geojson』のいずれかを選択して，【開く】を押し，次いで【追加】を押す．

   　なお，山形県の Web サイトから入手した『R2bear.kml』ファイルを追加した場合，〈追加するベクタレイヤを選択〉ウインドウがあらわれる．クマ出没マップ，人的被害，クマ目撃マップの 3 つのレイヤを選択して，【OK】を押したのち，【閉じる】ボタンを押す．

   これらの作業をおこなうと追加したポイントが地図上に表示される．

【応用編】シェープファイル (Shape) として保存する方法

3. 「レイヤパネル」に追加されたクマのポイントデータ（例：『R2bear R2 クマ出没マップ』，『bear』，『bear.geojson』）を右クリックし，「エクスポート」→「地物の保存」を選択する．〈ベクタレイヤを名前をつけて保存…〉のウインドウが出てきたら，各項目を以下のように設定する．
・「形式」は【ESRI Shapefile】を選ぶ．
・「ファイル名」は【ブラウズ】ボタンを押し，データを保存しているフォルダに設定し，わかりやすい任意の名前（ここでは『bear_utm54』とする）をつけて保存する．
・「CRS」は【EPSG:3100 – JGD2000 / UTM zone 54N】を選択する．
　この他は，デフォルトのままにしておき，【OK】を押す．
4. 新しく作成したシェープファイルのみを残し，不要なデータは各レイヤを右クリックし削除する．

## 3. 植生図との重ね合わせ

植生図は，「環境省自然環境局生物多様性センター 自然環境調査 Web-GIS」サイトから GIS データ（shape）をダウンロードできる．ここでは,植生調査（1/25,000 縮尺）の「山形県」をダウンロードする．ダウンロードしたファイルは，zip 形式で圧縮されているため，作業用フォルダ内にすべて解凍する．なお，植生データは 2 次メッシュごとに作成されており，山形県全域では（作成されていない一部のメッシュを除く）65 個の shape ファイルがある．これらを QGIS 上で 1 つの shape ファイルに結合（マージ）しておくと管理が容易になる．結合の手順は以下の通りである．

---

1. 解凍した shp ファイルを順番にドラッグ＆ドロップでレイヤに追加する．（ドラッグ＆ドロップでファイルを地図が表示される画面に乗せれば表示される）

　　追加したレイヤは座標系が定義されていないことからレイヤの右側に「？」アイコン（レイヤに CRS が設定さていないことの注意）が表示される．座標系を定義する場合には「？」アイコンをクリックし，〈座標参照系の選択〉ウインドウを表示させる．「座標参照系」の「地理的座標系」から【JGD2000】を選択し，【OK】をクリックする．

2. メインメニューの「ベクタ」→「データ管理ツール」→「ベクタレイヤのマージ」をクリックし，〈ベクタレイヤのマージ〉ウインドウを出す．

・「入力レイヤ」ボタンをクリックし，「全て選択」→「OK」をクリックする．

・「出力レイヤ」ボタンをクリックし、「ファイルに保存」を選択し，出力先はデータを保存したいメディアや PC のフォルダに設定し,『vegetation』と名前をつけて,「ファイルの種類」は【SHP files】にする．

・以上の指定を終えたら【保存】を押し，〈ベクタレイヤのマージ〉ウインドウの【実行】を押す．

3. 結合したファイルが自動的にレイヤに追加表示される．レイヤは地理座標系が定義されているため，面積や距離などを計測できるように投影座標系に変換しておく必要がある．ここでは，JGD2000 - UTM54 帯に定義する．

　　【作成した結合レイヤ】を右クリックし，「エクスポート」→「地物の保存」を選択する．「ベクタレイヤを名前をつけて保存…」のウインドウが出たら，

・「形式」は【ESRI Shapefile】に，「ファイル名」は【ブラウズ】ボタンを押し，先ほどの結合したファイルと同じ場所を設定する．名前は,UTM54 に変換したことがわかるように『vegetation_utm54』として保存する．

・「CRS」は「座標参照系」の「投影された座標系」を【JGD2000-UTM54N】を選択する．

・「文字コード」は【UTF-8】を選び，他はデフォルトのままにしておき，【OK】を押す．

4. 『vegetation_utm54』のみを残し，不要なデータは各レイヤを右クリックし削除する．

5. 『vegetation_utm54』を右クリックし，「プロパティ」を選択すると〈レイヤプロパティ〉ウインドウが出る．〈レイヤプロパティ〉ウインドウの左側の「シンボロジーを調整」を選択し，ダウンドロップ（▼）から【カテゴリ値による定義】を選択する．「値」は【HANREI_N】を

選び，【分類】ボタンを押す．色は自由に変更ができるため，適宜シンボルをダブルクリックし，色を変更する．指定を終えたら【OK】を押す．

6. レイヤパネルの『vegetation_utm54』レイヤをドラッグし，クマ目撃ポイントデータ（ここでは『bear_utm54』）の下へ移動させる．

## 4. 野生生物の出没場所の特徴をみる

　以上の手順によって，クマの目撃ポイントレイヤを植生図レイヤの上に表示できる．本章では，野生動物の出没場所の特徴について，特定の地域に着目して植生との関係をみていくことにする．定量的に分析したい場合には，県全域を対象にクマの目撃場所と植生タイプの頻度を算出する方法がある．この方法については，今木・岡安（2015）『QGIS 入門（第2版）』に事例分析として掲載されている「栃木県日光におけるニホンザルの行動圏と環境選択」を参照されたい．

　図13-3は，クマの目撃場所と植生図を重ね合わせた山形県域のうち鶴岡市小岩川付近を拡大した図である．丸印（●）によって示したクマの目撃場所の多くは，植生図の水田や市街地に該当する領域にあり，スギ・ヒノキ・サワラ植林に隣接していることがわかる．すなわち目撃された場所は，山林近くの人里で多い傾向が読み取れる．ここでは，簡単な重ね合わせた結果のみを紹介したが，このようにクマの目撃場所と植生の配置との関連性を考えることができる．

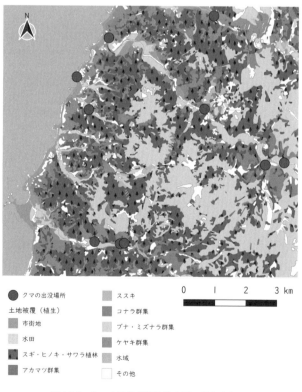

図13-3　クマの目撃場所と植生図の重ね合わせ

## 地理院地図
### GSI Maps

**図 13-4　地理院地図 Web サイト上でのクマの目撃情報の重ね合わせ**

　授業においてインターネットが利用できる環境ならば，2 のポイントデータの作成で示したクマ目撃ポイントファイルを作成するところまで教員が準備しておき，生徒は地理院地図にポイントデータを読み込む作業から着手し，陰影起伏図と重ね合わせて，どのようなところにクマが出没しているのかを読図することも可能である（図 13-4）．QGIS に表示させているクマの目撃ポイントデータを保存し，地理院地図への読み込みと陰影起伏図との重ね合わせの手順を以下に示す．

---

1. QGIS のレイヤパネルにあるクマ目撃ポイントデータ（ここでは『bear_utm54』）を右クリックし，「エクスポート」→「地物の保存」を選択する．「ベクタレイヤを名前をつけて保存…」のウインドウが出たら，
- 「形式」は【Geo JSON】に，「ファイル名」は【ブラウズ】ボタンを押し，これまでのデータと同じ保存先を設定し，『bear.point』として保存する．
- 「CRS」は「座標参照系」の「地理的座標系」を【JGD2000】を選択する．
- 他はデフォルトのままにしておき，【OK】を押す．
2. インターネットで地理院地図を開き，【機能】→【ツール】→【作図・ファイル】を選択し，【ファイルから読み込み】を押す．手順 1 で作成した『bear.point』を読み込む．
3. 【地図】→「トップ」内の【標高・土地の凸凹】→【陰影起伏図】を選ぶことによって表示される．陰影起伏図の「透過率」のスライダーを左右に動かすことによって下に重ねた図を見えるようにできる．
* この他にも地理院地図にはさまざまなレイヤがあるため，重ね合わせて表示することができる．

---

GISやインターネットの利用が難しい環境の場合には，クマの目撃場所や植生図，地形図をOHPシートやトレーシングペーパーなどに印刷し，生徒に重ね合わせをさせてどんな特徴の場所にクマが出没しているのかをグループで話し合うことも可能であろう．

本章では，植生図の重ね合わせを例として挙げたが，総務省の e-Stat から，国勢調査による高齢者人口の GIS データや，農林業センサスによる耕作放棄地の GIS データをそれぞれ入手して重ねることも可能である．また，公開されているデータに限らず，フィールドワークによって得た耕作放棄地／耕作地や空き家などの情報を，地理院地図の作図機能を使ってデータを作成し，重ね合わせることもできる．作成したクマの目撃場所の GIS データをこれらの要素と重ねることによって，社会経済的背景，里山と人間との関わり合いの変化についても考える機会になるだろう．　　　　（米島万有子）

**[参考資料・関連 Web サイト]**
・今木洋大・岡安利治編著（2015）:『QGIS 入門 第 2 版』古今書院，270p.
・環境省自然環境局生物多様性センター「自然環境調査 Web-GIS」
　http://gis.biodic.go.jp/webgis/
・国土地理院「地理院地図（電子国土 web）」
　https://maps.gsi.go.jp
・国土地理院『地理院地図操作マニュアル』
　https://maps.gsi.go.jp/help/pdf/GSIMaps.pdf
・総務省「e-Stat」
　https://www.e-stat.go.jp/
・谷謙二「Geocoding and Mapping」
　http://ktgis.net/gcode/
・帝国書院「地理単元別資料一覧」
　https://www.teikokushoin.co.jp/teacher/tangen/high/index_tan_geo.html
・富山県 出没情報地図「クマっぷ」
　https://www.pref.toyama.jp/1709/kurashi/kankyoushizen/shizen/yaseiseibutsu/kumap.html
・山形県「クマ目撃マップ」
　http://www.pref.yamagata.jp/ou/kankyoenergy/050011/sizenkankyo/about_kuma/kumamap.html

# 第14章　国土数値情報を利用したハザードマップの作成

## 1. はじめに

　地理院地図とは，国土交通省国土地理院が整備してきた地図や空中写真を Web ブラウザ上で閲覧できるようにしたものであり，世界地図のような小縮尺の地図から，個々の建物が判別できるような大縮尺の地図まで，さまざまなスケールの地図を見ることができる．近年，これを利用して簡単にハザードマップを見ることができるようになった．地理院地図をベースとし国土地理院が公開している「重ねるハザードマップ」（https://disaportal.gsi.go.jp/maps/）では，各種災害に関するハザードマップや避難場所を地理院地図の上に重ねて確認できる（図 14-1）．

　本章では，神奈川県を事例とし，国土数値情報として公開されている浸水想定区域を地理院地図に重ね合わせてハザードマップを作成する方法を紹介する．ただし，国土数値情報で提供されるシェープファイルを，地理院地図に読み込むことはできない．そこで，QGIS を用いてシェープファイルを KML 形式に変換し，地理院地図に読み込む．なお，ここでの作業用に＜ハザードマップ＞というフォルダを作成し，すべてのファイルをここに保存する．

図 14-1　国土地理院の「重ねるハザードマップ」
QR コードは 2021 年 8 月 17 日現在.

90

## 2. 国土数値情報のダウンロード

国土数値情報は，地形，土地利用，公共施設，道路，鉄道など国土に関する地理空間情報を数値化したものであり，国土交通省不動産・建設経済局の Web サイトから無料で提供されている．ここでは，国土数値情報の中から東京都の洪水浸水想定区域データをダウンロードする方法を説明する．

まず，国土数値情報ダウンロードサービスの Web サイト（https://nlftp.mlit.go.jp/ksj/index.html）を開き，「データ形式」において「JPGIS 形式」の「GML（JPGIS2.1）シェープファイル」を選択する（図 14-2）．次に，データ項目一覧の中から「2．政策区域」の「災害・防災」の中にある「洪水浸水想定区域（ポリゴン）」をクリックすると，データの詳細が表示される．それによると，このデータは「河川管理者(国土交通大臣，都道府県知事）から提供された洪水浸水想定区域図」に基づいており，データ作成年度，座標系，データ形状などを確認することができる．

このページの下で地域選択をおこなうことができるので，「東京都」のダウンロードボタンを押して，＜ハザードマップ＞フォルダにデータ（2.53MB）を保存する．ダウンロードしたデータは圧縮ファイルであるため，すべて同じフォルダ内で解凍しておく．

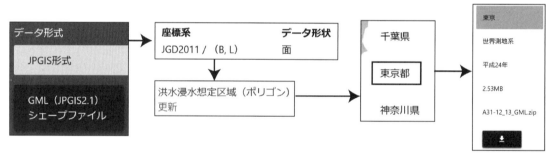

**図 14-2　国土数値情報のダウンロード**
国土数値情報 Web サイトにより作成.

## 3. QGIS のインストールと地図化

### 3.1　QGIS のインストール

ここで，国土数値情報のデータを地理院地図で利用するための加工をおこなう．地理院地図で読み込むことのできるファイル形式は KML，GeoJSON，GeoTIFF および CSV に限られる（KMZ 形式は読み込むことができない）．ここではダウンロードしたデータを KML 形式に変換する．そのために，GIS フリーソフトである QGIS（Windows 版，バージョン 3.16）を用いる．

QGIS のインストール方法は次の通りである．QGIS の Web サイト https://qgis.org/ja/site/index.html）で【ダウンロードする】ボタンを押し，インストール用ファイルの選択ページで「Windows 版のダウンロード」の中の「QGIS スタンドアロンインストーラ バージョン 3.16（64 ビット）」をクリックする．もし，32 ビット版 OS の PC で作業をおこなう場合には，32 ビットの方を選択する．インストール用ファイルを＜ハザードマップ＞フォルダに保存する．

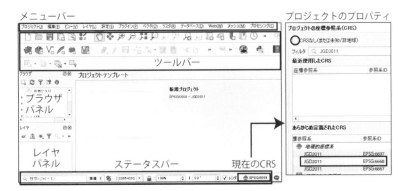

図 14-3　QGIS の画面構成と座標設定

　もし, QGIS の更新が進んだ場合には, インストール用ファイル選択のページで, タブメニュー【全てのリリース】を選択し, 「QGIS の古いバージョンがダウンロードできます」の【こちら】をクリックして, バージョン 3.16 のインストール用ファイルを入手する.

　インストール用ファイルが保存されたら, これをダブルクリックし, インストール作業をおこなう. この作業が終了すると, ウィンドウズのプログラムメニューに, 【QGIS 3.16】が加わるので, その中の【QGIS Desktop 3.16.x】(x はバージョンにより異なる) を起動させる. 起動した直後の QGIS の画面構成は図 14-3 の通りである.

## 3.2　QGIS の起動と座標設定

　QGIS が起動したら, はじめに座標系を設定する. そのためにステータスバーの【現在の CRS】アイコンを押して《プロジェクトのプロパティ》ウィンドウを出し, 左のタブメニューで【座標参照系 (CRS)】を選択する. この画面で, まず「CRS なし (または未知／非地球)」のチェックが外れていることを確認する. 次に「フィルタ」のテキスト入力欄に「JGD2011」と半角で入力すると, 「あらかじめ定義された CRS」に関連する座標系の一覧が表示されるので, その中から国土数値情報 Web サイトで確認した「JGD2011」(EPSD : 6668) を選択して【OK】ボタンを押す. さらに, プロジェクトテンプレートの【新規プロジェクト】をダブルクリックする.

## 3.3　シェープファイルの読み込み

　座標設定が終わったら, 国土数値情報のシェープファイルを読み込む. QGIS のメインメニュー【レイヤ】-【レイヤを追加】-【ベクタレイヤを追加】を選択すると, 《データソースマネージャ》ウィンドウが出る. 左のタブメニューで【ベクタ】を選択し, 「ソースタイプ」では「ファイル」を, 「文字コード」では【自動】を選ぶ.

　次に, 「ソース」では「ベクタデータセット」の入力欄横にある【ブラウズ】ボタンを押して, 《OGR がサポートするベクタデータセットを開く》ウィンドウを出し, <ハザードマップ>フォルダを開く. 続いて, ウィンドウ右下のメニューで, ファイルの種類として【ESRI Shapefiles】を選択する. さらに, フォルダ内にあるシェープファイル< A31-12_13.shp >を選択する. 「ファイル名」の入力欄にデータ名が表示されたら【開く】ボタンを押す. 続いて《データソースマネージャ》ウィンドウの【追加】

ボタンを押してから，【閉じる】ボタンを押す．そうすると，QGIS の地図ビュー画面に東京都の洪水浸水想定区域が表示される．

## 3.4 プロジェクトの保存

ファイルの読み込みが終わったらプロジェクトの保存をおこなう．メインメニュー【プロジェクト】－【名前をつけて保存】を選択し，＜ハザードマップ＞フォルダに＜国土数値情報 .qgs ＞というファイル名で保存する．

今後，QGIS のメインメニュー【プロジェクト】－【開く】で，このファイルを読み込めば，作成したプロジェクトを呼び出すことができる．ただし，プロジェクトは，設定を統合して保存するものであり，シェープファイルそのものを保存するのではないため，このファイルだけで地図を描画することはできない．

## 4. QGIS による KML ファイル作成

続いて，QGIS に読み込んだ浸水想定区域のシェープファイルを KML ファイルに変換する．ただし，このデータは多くのポリゴンから構成されているためファイル容量が大きくなり，地理院地図での読み込みが困難になる．また，データを地図表示した際に見づらくなる．そこで，QGIS でファイルを加工することでファイル容量を小さくする．

QGIS のメニュー【ベクタ】－【空間演算ツール】－【融合 (dissolve)】を選択すると《融合 (dissolve)》ウィンドウが表示される（図 14-4）．そこで，タブメニュー【パラメータ】で「入力ラスタ」を【A31-12_13】とし，その右にある【詳細オプション】を押して「無効な地物フィルタ」で【フィルタリングしない】を選択する．

その後，入力ラスタオプションに戻り，「融合ポリゴンの出力」で【ファイルに保存】を選択して，《ファイルを保存》ウィンドウを出し，「ファイルの種類」で【KML files】を選ぶ．ここで＜ハザードマップ＞フォルダに＜洪水浸水想定区域 .kml ＞というファイル名で保存するように設定したら，【保存】

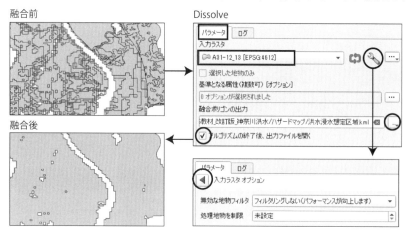

図 14-4 QGIS でのファイルの加工

ボタンを押す.《融合》ウィンドウで「アルゴリズムの終了後,出力ファイルを開く」にチェックを入れてから,右下の＜実行＞を選択すると処理が始まる.処理が完了すると《レイヤパネル》に＜洪水浸水想定区域＞というレイヤが作成され,地図ビューにはデータごとの区切りがない地図が表示される.なお,処理が終了したら《融合》ウィンドウの【閉じる】ボタンを押す.

　ここまでの作業を終えたら,メインメニュー【プロジェクト】－【保存】を選択して＜国土数値情報 .qgs ＞を上書き保存し,メインメニュー【プロジェクト】－【QGIS を終了する】で,QGIS を終了する.

　なお,浸水想定区域のシェープファイルには浸水深についての情報が記録されている.QGIS で,これらの種類別表示をおこなう方法については橋本雄一編（2017）などを参考にしてほしい.

## 5.　地理院地図によるハザードマップの作成

### 5.1　指定緊急避難場所の表示と KML ファイルの読み込み

　ここからは,地理院地図で浸水想定区域データを表示する方法を説明する.まず Web ブラウザを立ち上げ,地理院地図（https://maps.gsi.go.jp）を開く.地図の表示範囲を東京都の荒川区付近にしてから,地理院地図の左上にある【地図】アイコンをクリックすると,国土地理院が提供する各種地図のリストを表示させることができる.例えば,【災害伝承・避難場所】－【指定緊急避難場所】を選び,利用上の注意で【OK】を押してから,【指定緊急避難場所（洪水）】を選択する.これで,浸水想定区域と避難所が合わせて地図上に表示される（図 14-5）.

　ここで,＜洪水浸水想定区域 .kml ＞をドラッグ＆ドロップすると,洪水浸水想定区域が表示される.なお,画面上のメニュー【ツール】－【作図・ファイル】－【ファイルからデータを読込】を選択し,ファイルを選択しても同様に表示させることができる.

### 5.2　ハザードマップと空中写真の重ね合わせ

　地理院地図を背景として,浸水想定区域や指定緊急避難場所を重ね合わせれば,ハザードマップを作成することができる.これにより,洪水が起こった時,どこに逃げたら良いのか,どのような避難経路が良いのかなどを考えることができる.

　次に,地図のリストの【写真】アイコンをクリックし,年代別の空中写真の中から【全国最新写真（シームレス）】を選択すると,背景の地図が空中写真に切り替わる（図 14-6）.空中写真は過去のものを閲覧することもできるため,洪水の危険性がありながら開発が進んだ地区などを確認できる.またこの資料から,開発と災害リスクの関係について議論させることができる.

　なお,地理院地図の画面を印刷するには,画面上のメニュー【印刷】を選択する.印刷用画面では,地図の拡大・縮小および範囲確定を行い,「用紙サイズ」を設定してから【印刷】ボタンを押す.なお,「用紙サイズ」では,「標準」よりも「高画質」の報が,情報量の多い地図を印刷できる.

### 5.3　作業の課題

　本章では,洪水浸水想定区域に関するハザードマップを作成する方法を紹介した.このハザードマップ作成において,インターネットに繋がった PC さえあれば誰もが,いつでも,無料で使用できる地

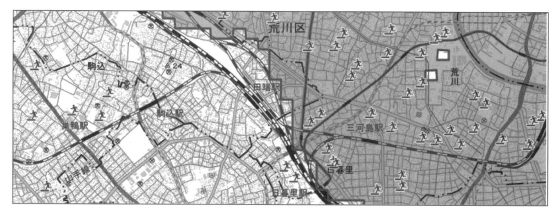

図 14-5　洪水のハザードマップ（地理院地図より作成）

図 14-6　空中写真を用いたハザードマップ（地理院地図より作成）

理院地図と QGIS は有効なツールである．しかし，いくつかの課題もある．

　まず，地理院地図では読み込めるファイル形式が限られ，さらにファイル容量にも制限があるため，他の GIS ソフトなどを使用した加工が必要になり，ハザードマップの作成過程が複雑になる．次に，QGIS での作業には時間のかかる場合があり，高校や大学での授業に支障が出る可能性がある．これら問題の解決のために，地理院地図には，現在より大きなデータの読み込みが可能となることを期待したい．

　最後に，2 万 5 千分の 1 地形図や 5 万分の 1 地形図と違って，地理院地図では同一画面内であっても縮尺が異なる点に注意してほしい．これは，地理院地図では「Web メルカトル」という投影法が用いられており，高緯度ほど距離や面積が拡大されるためである．このように，従来から使われている紙の地形図と地理院地図とではさまざまな違いがあるので，それを理解した上で地理院地図を活用してほしい．

（橋本雄一）

【参考文献】
・橋本雄一編（2017）：『二訂版 QGIS の基本と防災活用』古今書院，191p.

〔執筆者一覧〕

| 山本佳世子 | 電気通信大学大学院情報理工学研究科情報学専攻／<br>共同サステイナビリティ研究専攻<br>2016-2017 年度　地理情報システム学会教育委員会委員長 | まえがき，第 6 章 |
|---|---|---|
| 芹澤　由尚 | 国土地理院 | 第 1 章，第 8 章 |
| 宇根　　寛 | 元国土地理院 | 第 1 章，第 8 章 |
| 佐藤　壮紀 | 国土地理院 | 第 1 章 |
| 藤村　英範 | 国土地理院 | 第 1 章，第 8 章 |
| 谷　　謙二 | 埼玉大学教育学部 | 第 2 章 |
| 福島　康之 | ESRI ジャパン株式会社 | 第 3 章 |
| 土田　雅代 | ESRI ジャパン株式会社 | 第 4 章 |
| 星田　侑久 | ESRI ジャパン株式会社 | 第 5 章 |
| 牧野　隆平 | 株式会社読売新聞社 | 第 6 章 |
| 香川　雄一 | 滋賀県立大学環境科学部環境政策・計画学科 | 第 7 章 |
| 熊谷　祐穂 | 国土地理院 | 第 8 章 |
| 新井　雅史 | 国土地理院 | 第 8 章 |
| 大西　宏治 | 富山大学人文学部 | 第 9 章 |
| 秋山千亜紀 | 大東建託株式会社賃貸未来研究所主任研究員<br>筑波大学生命環境系客員研究員 | 第 10 章 |
| 作野　広和 | 島根大学教育学部 | 第 11 章 |
| 桐村　喬 | 皇學館大学文学部コミュニケーション学科 | 第 12 章 |
| 米島万有子 | 熊本大学文学部総合人間学科地域科学コース | 第 13 章 |
| 橋本　雄一 | 北海道大学大学院文学研究院人間科学部門 | 第 14 章 |

| 書　名 | 地理空間情報を活かす授業のためのGIS教材　改訂版 |
|---|---|
| コード | ISBN978-4-7722-5341-3　C3037 |
| 発行日 | 2021 年 11 月 1 日　改訂版第 1 刷発行 |
| 編　者 | 地理情報システム学会教育委員会<br>Copyright © 2021 地理情報システム学会教育委員会 |
| 発行者 | 株式会社古今書院　橋本寿資 |
| 印刷所 | 株式会社 太平印刷社 |
| 発行所 | （株）古今書院<br>〒 113-0021　東京都文京区本駒込 5-16-3 |
| 電　話 | 03-5834-2874 |
| ＦＡＸ | 03-5834-2875 |
| ＵＲＬ | http://www.kokon.co.jp/ |
| | 検印省略・Printed in Japan |